Das Bundesverfassungsgericht in Karlsruhe

Architektur und Rechtsprechung

The Federal Constitutional Court of Germany

Architecture and Jurisdiction

Das Bundesverfassungsgericht in Karlsruhe

Architektur und Rechtsprechung

The Federal Constitutional Court of Germany

Architecture and Jurisdiction

Verein der Richter des Bundesverfassungsgerichts e.V.

Birkhäuser – Publishers for Architecture
Basel · Boston · Berlin

Inhaltsverzeichnis

Contents

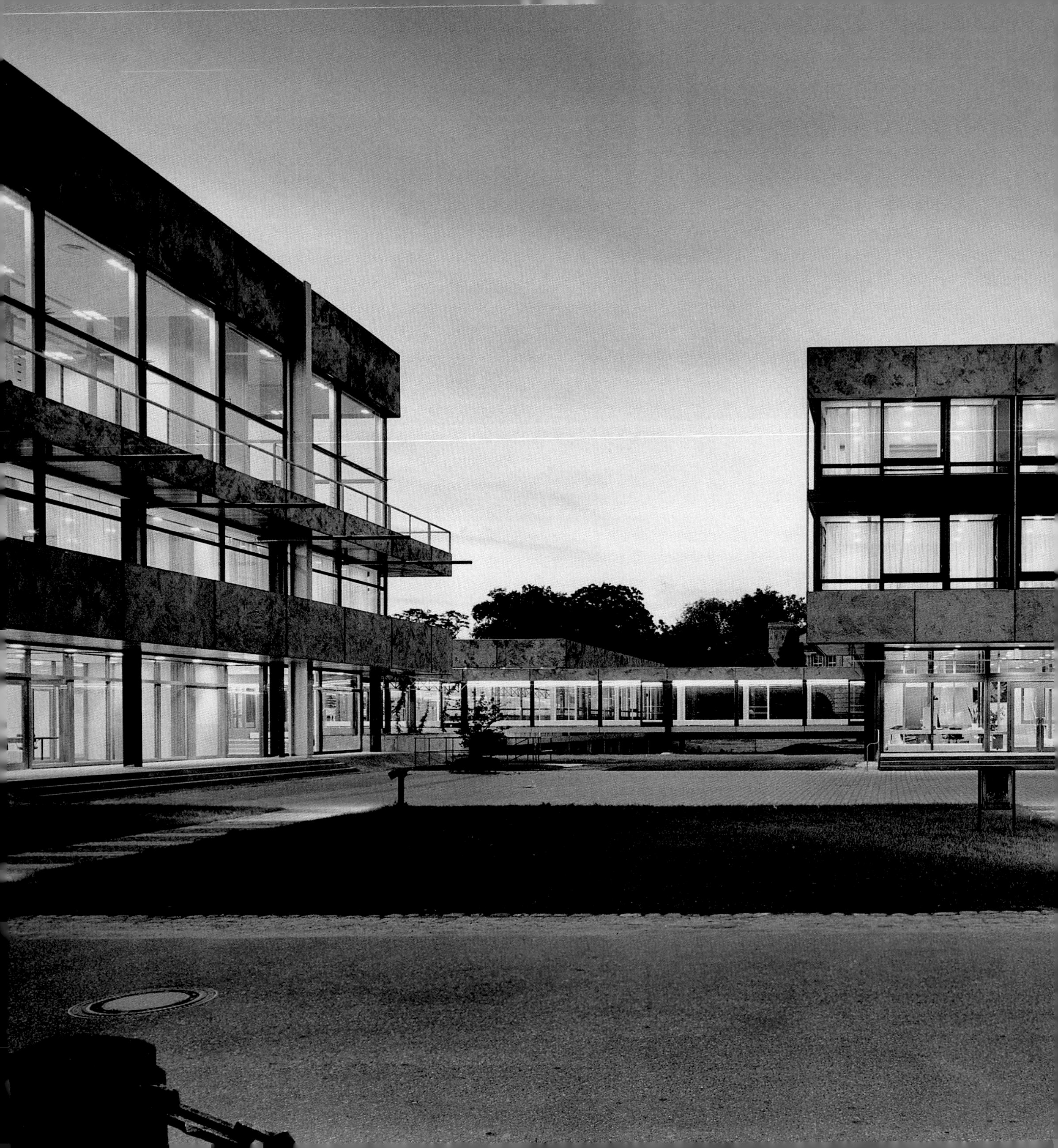

Hans-Jürgen Papier, Präsident des Bundesverfassungsgerichts

Vorwort

Als das Bundesverfassungsgericht im Jahre 1951 seine Arbeit in Karlsruhe aufnahm, lagen die Erfahrungen des von Willkür geprägten nationalsozialistischen Unrechtsregimes nur wenige Jahre zurück. Diese Erfahrungen waren es auch, die den Parlamentarischen Rat dazu bewogen hatten, ein Gericht zu schaffen, das die Freiheitsrechte des Einzelnen gegen den Zugriff des Staates sichern und „Hüter der Verfassung" sein sollte. Das Bundesverfassungsgericht ist so zu einem Gericht der Bürgerinnen und Bürger geworden.

Diese besondere Funktion des Bundesverfassungsgerichts hat in dem von Professor Paul Baumgarten entworfenen Gerichtsgebäude ein überaus gelungenes Abbild gefunden. Verkörpern Justizgebäude nicht selten staatliche Macht und Autorität in steinerner Form, so verzichtete Paul Baumgarten auf neue, Ehrfurcht gebietende Symbole. Stattdessen setzte er auf nahezu vollkommene Transparenz und Offenheit, um die „sachliche Würde" eines Verfassungsorgans deutlich zu machen. Von welcher Seite man sich auch dem Bundesverfassungsgericht nähert, immer ist ein Blick nicht nur auf, sondern auch in das Gebäude möglich. Dieser bewusste Bruch mit den schweren historischen Pathosformen

Hans-Jürgen Papier, President of the Federal Constitutional Court

Preface

When the Federal Constitutional Court took up its work in Karlsruhe in 1951, the experience of the arbitrary rule of the Nazi state, which had fallen only a few years before, was still fresh in people's minds. It was this experience which also prompted the Parliamentary Council to establish a court that would safeguard civil rights against state intrusion and serve as a "guardian of the constitution". Consequently, the newly established Federal Constitutional Court became a court of the people.

This particular function of the Federal Constitutional Court is successfully reflected in the court building designed by Professor Paul Baumgarten. Although court buildings are frequently a stone embodiment of state power and authority, Paul Baumgarten carefully avoided the use of new, awe-inspiring symbols. Instead, he chose almost total transparency and openness to illuminate the "rational dignity" of this constitutional body. From whichever angle one approaches the Federal Constitutional Court, one looks not only at but also into the building. The new design was seen as a conscious break with the oppressive pathos-filled historical forms in which the authoritarian state had found ar-

des Obrigkeitsstaates verlieh dem politisch-gesellschaftlichen Neuanfang in der damals noch jungen Bonner Republik optisch Gestalt und verfolgte das Ziel, Demokratie und Rechtsstaatlichkeit durch Transparenz zu symbolisieren. Paul Baumgarten ist es so vortrefflich gelungen, den aus dem angelsächsischen Rechtskreis stammenden Satz, wonach es nicht genügt, dass Gerechtigkeit geschieht, sondern dies auch sichtbar gemacht werden muss („Justice must not only be done, it must also seen to be done"), durch seine herausragende Architektur auszudrücken.

Das Bundesverfassungsgericht ist bemüht, die in seinem Amtsgebäude verkörperte Transparenz auch Wirklichkeit werden zu lassen. Regelmäßig werden „Tage der offenen Tür" veranstaltet, an denen die interessierte Öffentlichkeit Gelegenheit hat, die rechtsprechende Tätigkeit des Gerichts aus nächster Nähe zu erleben. Über 20.000 Besucher nahmen ferner im Jahr 2001 an einem Bürgerfest teil, das aus Anlass des 50-jährigen Bestehens des Gerichts stattfand, und konnten dabei das gesamte Gerichtsgebäude von innen betrachten. Mehrmals wöchentlich werden Besuchergruppen durch das Haus geführt. Die Pressestelle des Bundesverfassungsgerichts trägt Sorge dafür, dass wichtige Entscheidungen und Informationen über die Tätigkeit des Gerichts durch die Presseorgane publiziert werden können. Kurz gewendet verkörpert nicht nur das Gebäudeensemble Paul Baumgartens nahezu vollkommene Transparenz, das Bundesverfassungsgericht ist darüber hinaus auch bestrebt, ein „Gericht zum Anfassen" zu sein.

chitectural expression. As such, the new building was intended as both the visual embodiment of the new socio-political start of the young "Bonn republic" and as an endeavour to symbolise democracy and the rule of law using transparent forms. Paul Baumgarten's first-rate architectural design succeeded admirably in giving visual form to a celebrated maxim of Anglo-Saxon law: "Justice must not only be done, it must also be seen to be done".

The Federal Constitutional Court endeavours to translate the transparency embodied in the court building into transparent activity. Open days are held regularly so that anyone who is interested can experience close up the way in which the court administers justice. More than 20,000 members of the general public attended the festival held at the Court to celebrate its fiftieth anniversary. And many of these people took this opportunity to view the entire court building from the inside. Groups of visitors are shown round the building several times a week. The Court press office ensures that important decisions and information about the Court's activities are published in the press. In short: not only does Paul Baumgarten's ensemble of buildings embody almost perfect transparency, the Court itself also wants to have a popular feel.

Die im Laufe der Jahre erforderlich gewordenen baulichen Veränderungen an und in dem Gebäude sind Folge der spätestens seit der Wiedervereinigung der beiden deutschen Staaten enorm gestiegenen Arbeitslast des Gerichts. Im Bundesverfassungsgericht wird eben – entgegen der Metapher von Karlsruhe als „Residenz des Rechts" – mitnichten residiert; es wird dort viel und hart gearbeitet. Der zusätzliche Raumbedarf führte zunächst zur Schließung des Casinos. Dort wie auch im Schloss mussten weitere Arbeitsplätze für die wissenschaftlichen Mitarbeiter und die Verwaltung eingerichtet werden. Unter dem Richtergebäude sind darüber hinaus vor wenigen Jahren „mobile Raumsysteme" geschaffen worden, um der Raumnot wenigstens provisorisch Abhilfe schaffen zu können. Nun ist die dringend notwendige Erweiterung des Bundesverfassungsgerichts um einen weiteren Gebäudeteil auf den Weg gebracht. In der kommunalpolitisch heftigen Debatte um die Erweiterung des Gerichts entsprach es stets dem Anliegen der Mitglieder des Gerichts, nicht in den vorhandenen Baubestand einzugreifen. Zu sehr wäre hierdurch die durchdachte Konzeption Paul Baumgartens mit seinen uns allen lieb gewordenen hellen, lichten und sorgsam konzipierten Räumen und Gebäuden tangiert worden. Die nun geplante Erweiterung des Gerichts um einen weiteren – ebenfalls der Transparenz verpflichteten – Gebäudeteil lässt das Werk Baumgartens soweit wie möglich unberührt und sichert den weiteren Verbleib des Bundesverfassungsgerichts in Karlsruhe und damit die dem Gebäudekomplex zugedachte Nutzung durch das höchste deutsche Gericht.

The changes made to the building – both inside and out – in the course of time became necessary as the Court's workload exploded, especially after German unification. Karlsruhe may be a "seat of justice", but that does not mean that people simply sit around at the Federal Constitutional Court, in fact they all work very hard. The canteen rooms were the first to be sacrificed to the growing demand for additional space. There, as in the palace, additional workplaces had to be created for the research staff and the administration. Furthermore, "mobile room systems" were installed beneath the judges' building only a few years ago to alleviate the space problem, at least temporarily. Now, another building is being added to satisfy the urgent need for more room. During the heated debates with the local authorities on extending the Court buildings, members of the Court continually expressed their desire not to disturb the existing complex in any way, as this would have upset Paul Baumgarten's carefully thought-out conception with its light feel and those brightly lit, well-conceived rooms and buildings of which we had become so fond. The plans for the new extension, which envisage adding a further building (also committed to transparency) and changing Baumgarten's work as little as possible, ensure not only that the Federal Constitutional Court will remain in Karlsruhe, but also that the building complex will continue to be used by Germany's highest court.

Aus Anlass der Schlüsselübergabe für das Amtsgebäude des Bundesverfassungsgerichts am 6. Mai 1969 sprach der damalige Präsident des Bundesverfassungsgerichts, Prof. Dr. Dr. h.c. Gebhard Müller, von dem Gefühl der Geborgenheit, der Zweckmäßigkeit und der Ruhe, welches das Gebäude vermittle und die Arbeit darin präge. Mag auch die Ruhe in Anbetracht der enorm gestiegenen Arbeitslast des Gerichts in den letzten Jahren ein wenig der Betriebsamkeit gewichen sein – das Arbeiten in den hellen und lichten Räumen des Bundesverfassungsgerichts macht auch viele Jahre nach seiner Errichtung Freude. Angesichts der großartigen architektonischen Leistung ist auch dies ein Verdienst Paul Baumgartens.

When the key to the office of the Federal Constitutional Court was handed over on 6 May 1969, the then President of the Federal Constitutional Court, Professor Dr. Dr. h.c. Gebhard Müller, spoke of the feeling of security, functionalism and calm exuded by the Court, a feeling that affected the work performed inside. That calm may well have given way to bustling activity as the Court's workload has grown by leaps and bounds in recent years, but working in the bright and well-lit rooms of Court buildings continues to be a pleasure after all this time. And this great architectural achievement is also to Paul Baumgarten's credit.

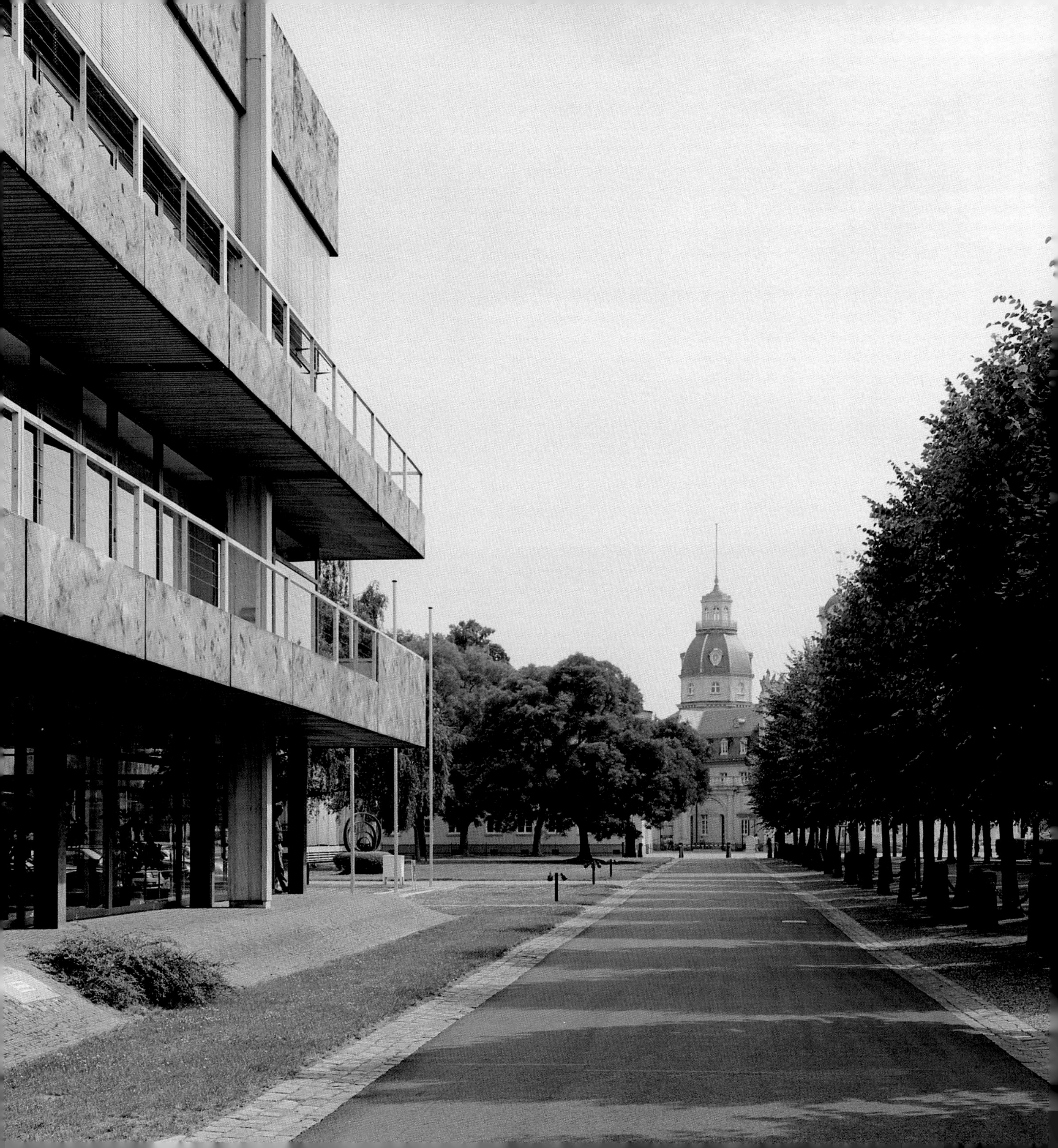

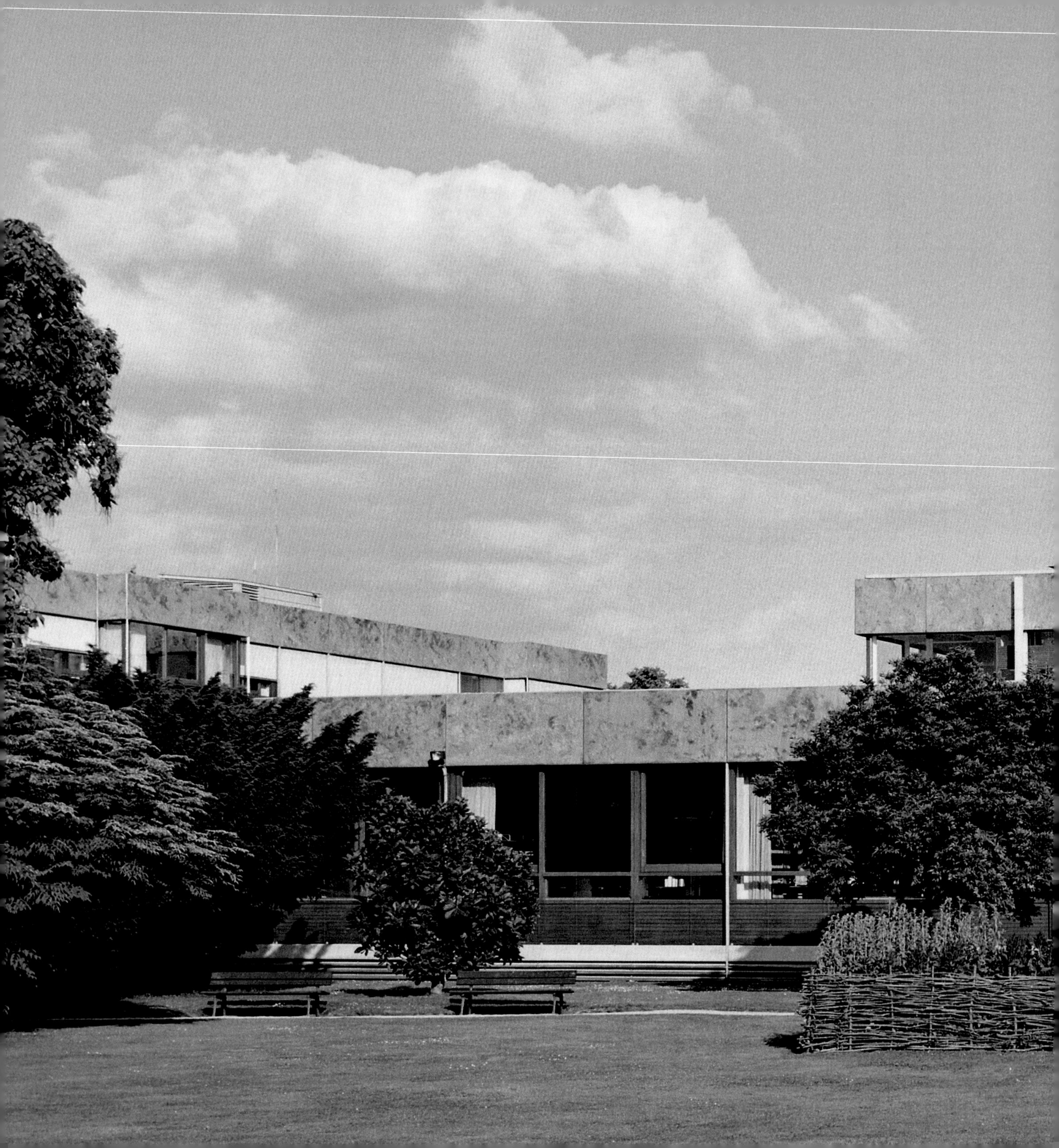

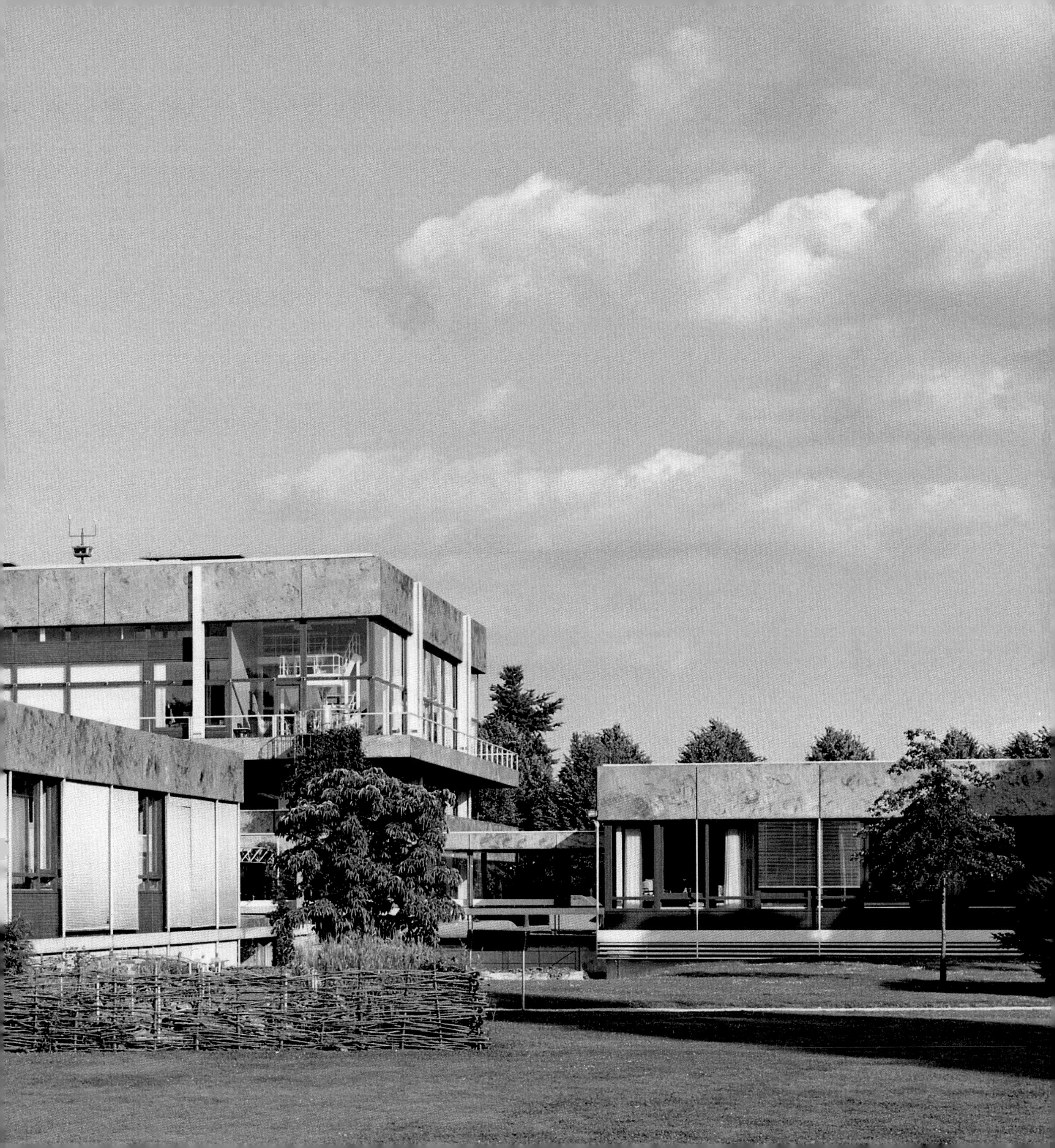

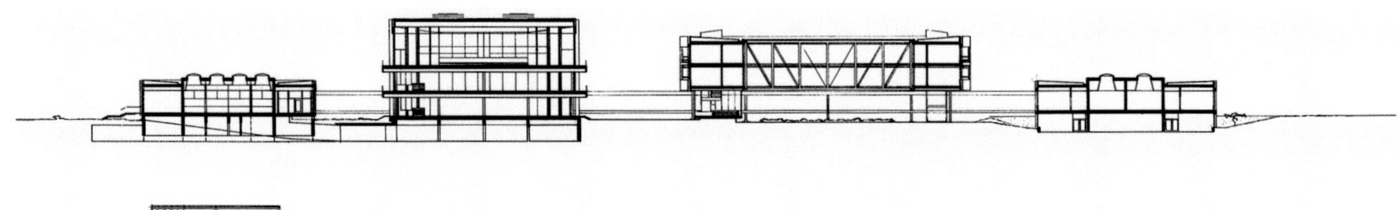

Längsschnitt Baukörper / Longitudinal section buildings

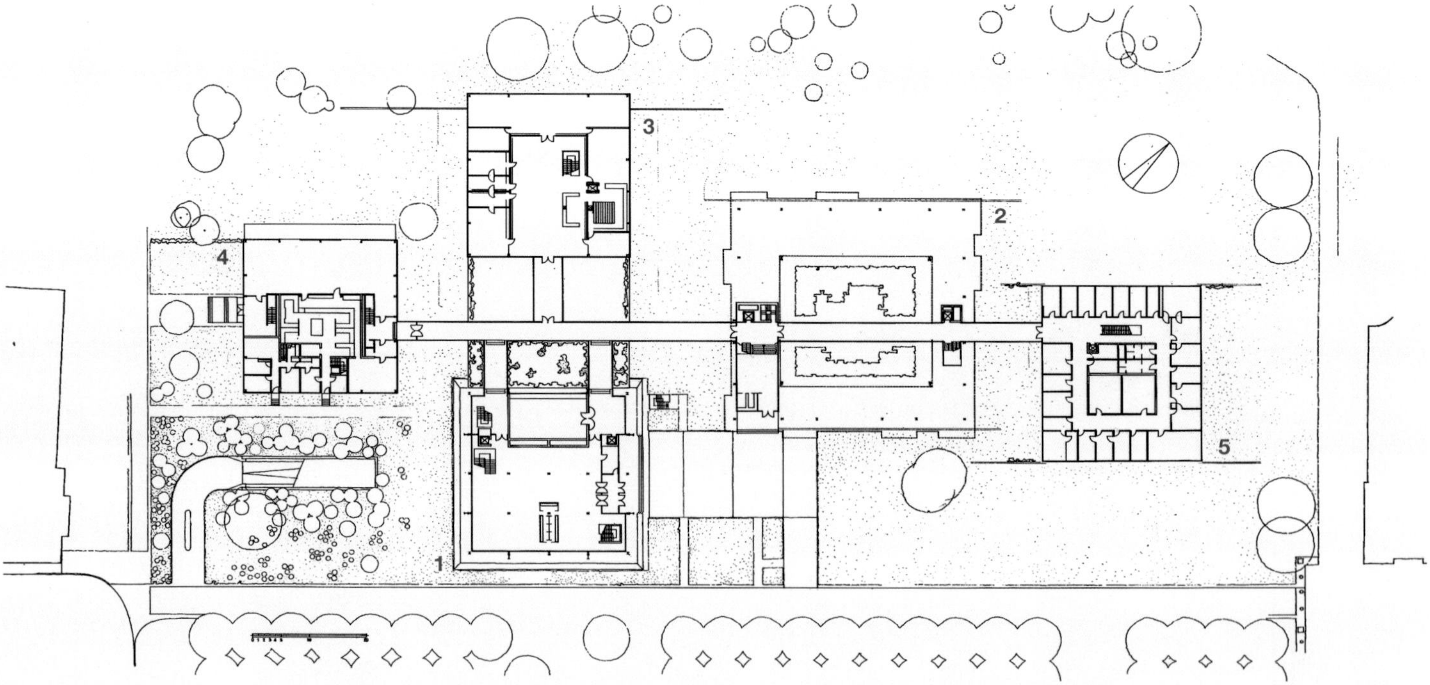

Erdgeschoss – 1 Sitzungssaalgebäude, 2 Richtergebäude, 3 Bibliothek, 4 Casino, 5 Verwaltungsgebäude
Ground floor – 1 Courtroom Building, 2 Judges' Building, 3 library, 4 former canteen, 5 administration building

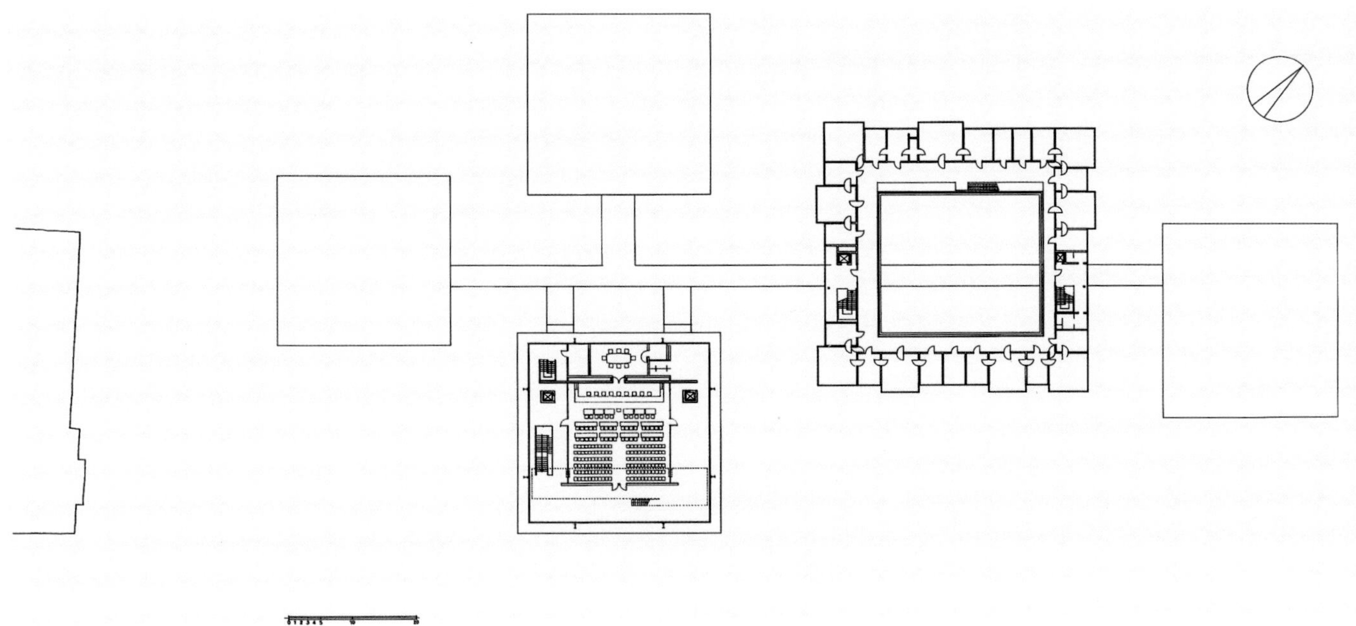

2. Obergeschoss / Second floor

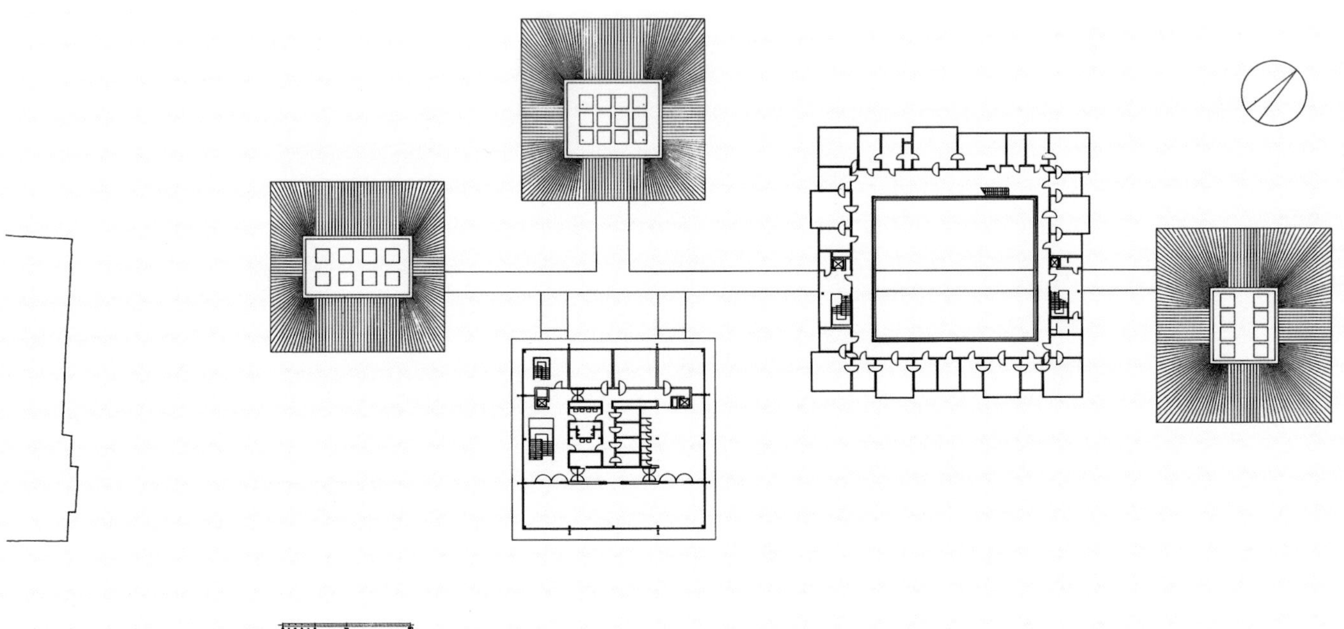

1. Obergeschoss / First floor

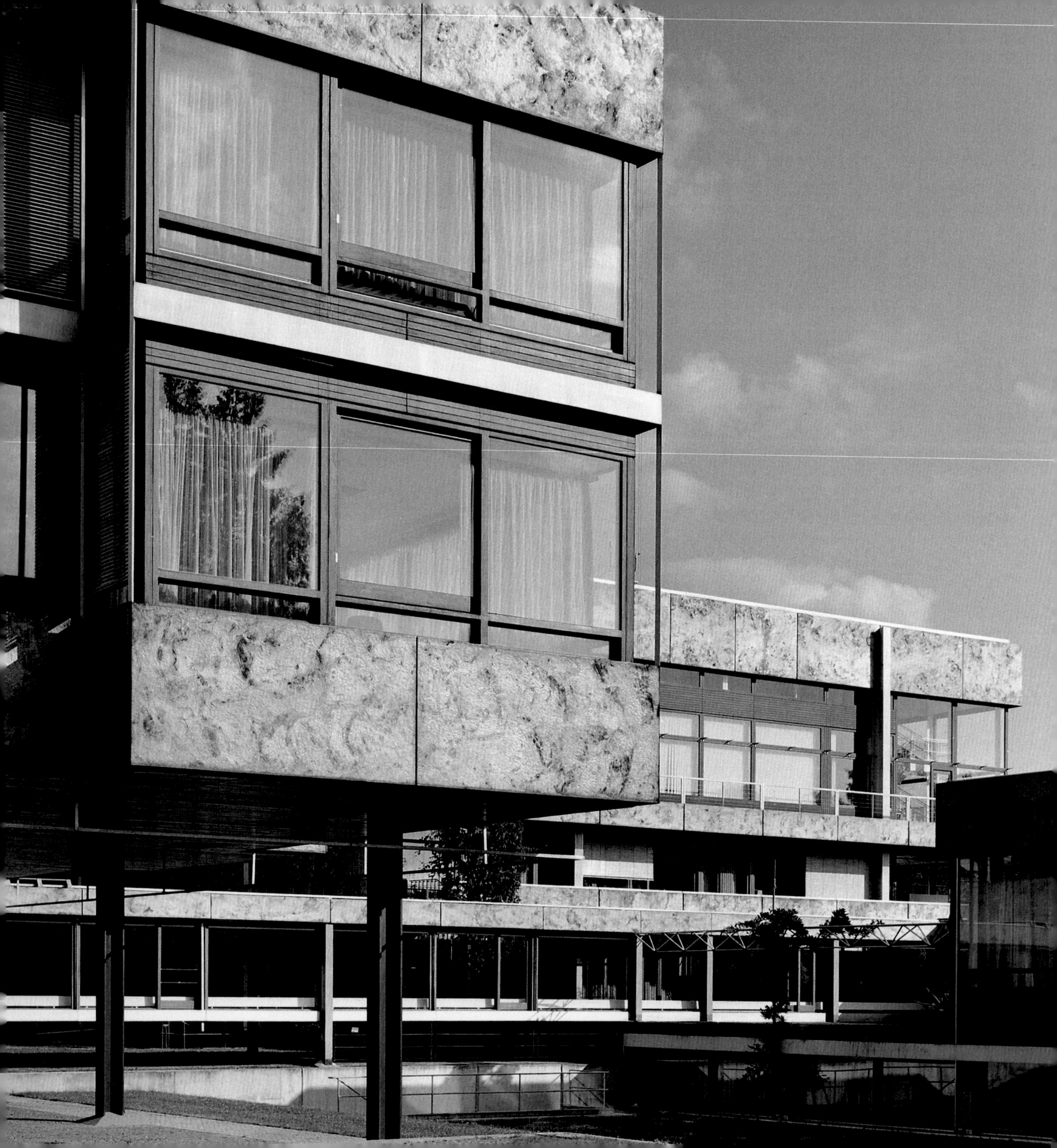

Thorsten Bürklin

Mit einem Hauch von Internationalität und Modernität

Die Angemessenheit des Ausdrucks

Die große Aufgabe war, wieder erneut Maß zu nehmen nach den entwurzelnden Entgleisungen des Dritten Reiches. Als Paul Baumgarten im Jahre 1962 den Auftrag zur Planung des Bundesverfassungsgerichts auf dem ehemaligen Theatergelände vor dem Westflügel des Karlsruher Schlosses erhielt, war gerade mal etwas mehr als ein Jahrzehnt seit In-Kraft-Treten des Grundgesetzes am 23. Mai 1949 und seit der erstmaligen Konstitution des Gerichts am 7. September 1951 vergangen.[1] Der Neubau musste daher unvermeidliche Fragen nach einer der politischen Situation angemessenen Architektursprache aufwerfen. Die Zeiten des (noch schwarz-weißen) Fernsehbooms steigerten die politische Bedeutung der zu entwerfenden Architektur, die den öffentlichen Auftritt des Bundesverfassungsgerichts – eines Verfassungsorgans und damit Trägers der nunmehr freiheitlich-demokratischen Grundordnung – inszenieren sollte. Umso mehr erstaunt fast vierzig Jahre nach der Fertigstellung das fragile Gleichgewicht aus Zurückhaltung und ernster Feierlichkeit, demokratischer Toleranz und Autorität, das aus der geometrischen Schlichtheit und transparenten Offenheit der Architektur zu sprechen scheint.

Thorsten Bürklin

With a Touch of Internationality and Modernity

Appropriateness of Expression

The great challenge was to show moderation after all the havoc that had been committed during the Third Reich, causing so much disorientation. When, in 1962, Paul Baumgarten was commissioned to plan the Federal Constitutional Court (to stand in front of the western wing of Karlsruhe Schloss [palace], where the theatre had once stood), not much more than a decade had passed since the Basic Law had come into force on 23 May 1949 and the Court was first constituted on 7 September 1951.[1] Against this background, the new building inevitably raised the question of which architectural language would be most appropriate to the new political situation. The coming of (black-and white) television made the awaited architectural design particularly important from a political point of view. After all, the architecture had to create a setting for the public appearances of the Court, which, as a constitutional body, was supposed to embody a basic order that was free and democratic. It is all the more astonishing, then, that – almost forty years after its completion – it maintains a delicate balance between moderation and solemnity, democratic tolerance and authority, a balance which seems to speak to us through the geometrical simplicity and transparent openness of the architecture.

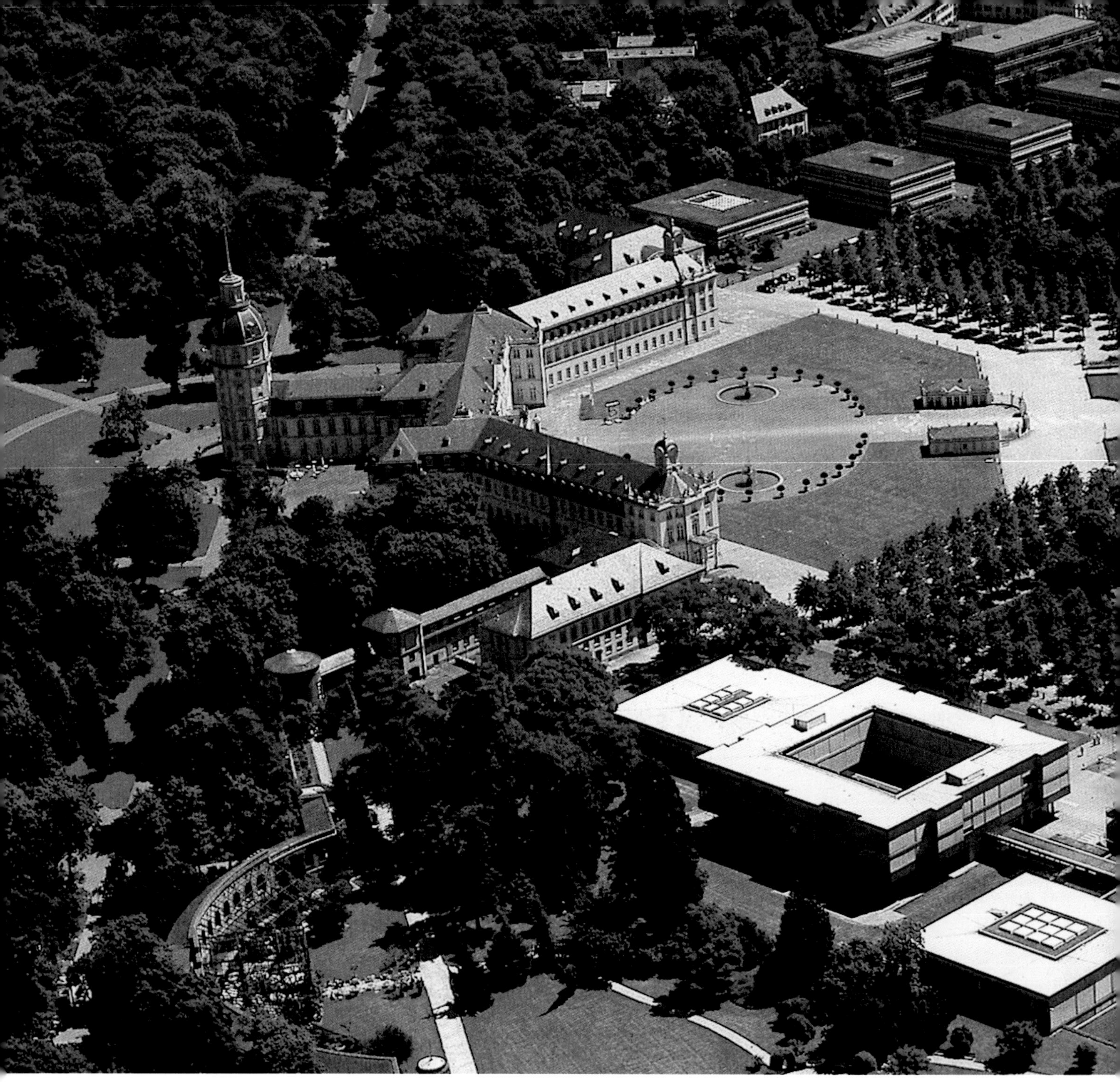

Zwischen Schloss und Kunsthalle eingespannt: Verwaltungsgebäude, Richtergebäude, Bibliothek und Sitzungssaalgebäude, ehemaliges Casino

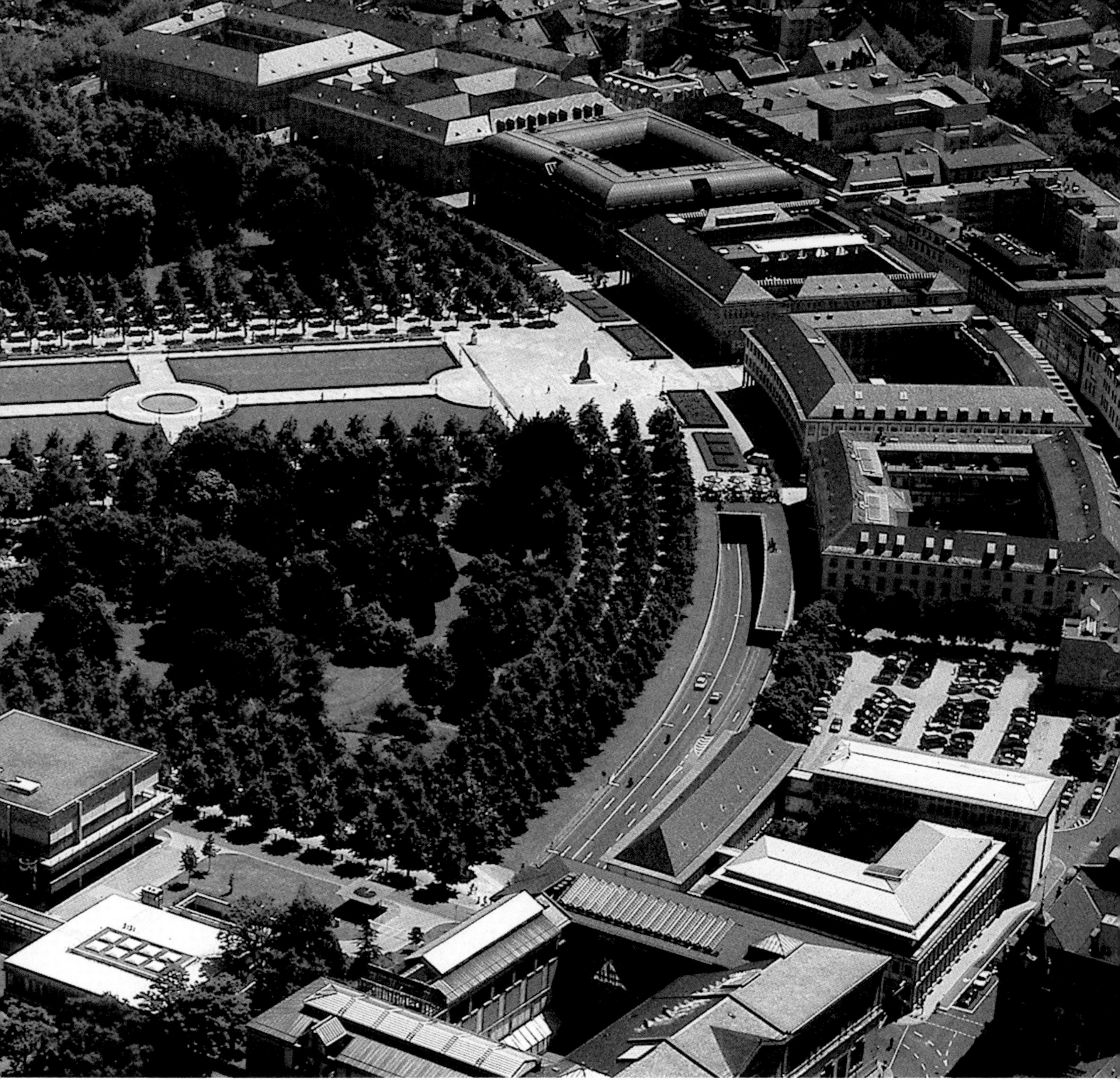

Wedged between the *Schloss* and the *Kunsthalle*: the administration building, Judges' Building, library and Courtroom Building, and the former canteen

Allerdings wird keine „demokratische“ Architektursprache jenseits der konkreten Zeitgeschichte auszumachen sein, mag man auch noch so sehr auf Leichtigkeit, Sachlichkeit und Transparenz verweisen.[2] Stattdessen war die rationalistische Architektur des Neuen Bauens, die sich vor allem im Industriebau über den Nationalsozialismus hinweggerettet hatte, während der Wiederaufbaujahre von einem Hauch der Internationalität und Modernität umgeben, die zu jenem historischen Zeitpunkt einen Neuanfang versprach. Die Verheißung verhalf zum Durchbruch. Egon Eiermann in Karlsruhe, Sep Ruf und Hans Döllgast in München sowie Paul Baumgarten in Berlin, haben diesen architektonischen Weg in die Nachkriegszeit wesentlich mitgeprägt. Baumgarten selbst hatte beim Bau des Konzertsaals der Hochschule für Musik in Berlin bereits während der ersten Hälfte der fünfziger Jahre durch eine formal reduzierte Architektursprache auf sich aufmerksam gemacht. Seit 1961 arbeitete er mit ähnlich disziplinierter Zurückhaltung am Wiederaufbau des Reichstags. Die Forderung, Maß zu halten, das Streben nach Angemessenheit des Ausdrucks wurde, vor dem Hintergrund der nationalsozialistischen Vergangenheit, zu einem zentralen Leitmotiv seiner Nachkriegsarbeiten.[3]

Wider den Ort?

Es ist keine Liebe auf den ersten Blick, die man der Gebäudegruppe des Bundesverfassungsgerichts entgegenbringt. Zu sachlich nüchtern, zu störrisch tritt sie auf, trotz oder gerade wegen der oft gelobten Transparenz, die zwar den

Of course, it is strictly impossible to find a “democratic” architectural language that exists outside the concrete history of an age, no matter how much one points to a building’s lightness, rationality or transparency.[2] Instead, during the years of post-War reconstruction, the rationalist architecture of *Neues Bauen*, which had survived the National Socialist period by concentrating its activities mainly in the field of industrial architecture, had an internationalist, modernist air which – at that historical juncture – promised a new beginning, and that promise contributed to its success. Egon Eiermann in Karlsruhe, Sep Ruf and Hans Döllgast in Munich and Paul Baumgarten in Berlin all played an essential part in opening up this architectural path during the post-war period. Baumgarten had attracted attention with his Concert Hall for the *Hochschule für Musik* in Berlin during the early 1950s, which displayed a reduced architectonic language. From 1961 on, he showed a similar discipline and restraint when he reconstructed the *Reichstag*. The insistence on moderation and the desire for appropriateness of expression were a leitmotif, upheld in response to the experience of National Socialism, in his post-war architecture.[3]

Defying the Location?

Love at first sight is not what one experiences when one initially sets eye on the building complex that forms the Federal Constitutional Court. The ensemble appears too soberly rational and stubborn, despite or maybe because

Blick vom Schlossgarten bis hinüber zum Botanischen Garten ermöglicht, das Gericht dabei aber als ein Gebäude ohne eigenen Ort, ohne konkreten Raum erscheinen lässt. Augenscheinlich meidet es den Kontakt mit der klassizistischen Umgebung. Eigenwillig hängen vier der fünf, nahezu quadratischen Pavillons an einer zentralen Achse – einem mehr als 70 Meter langen, verglasten Verbindungsgang – wie an den Enden eines lateinischen Kreuzes. Nur der große Richterring schwebt etwas ungebunden darüber. Allerdings wird die entstehende Unsicherheit, ob das Gebäudeensemble denn an seinem Ort angekommen sei, durch die strenge Geometrie der Baukörper gemildert. Dem gläsernen „Rückgrat" entlang bleibt die Gruppe einigermaßen fest zwischen Schloss, Kunsthalle und der verbindenden Waldstraße eingespannt, deren Flucht schließlich von der „Front" des Sitzungssaalgebäudes – dem höchsten Haus der Gruppe – aufgenommen wird.

Wie nebenbei wurden dort die mittleren Felder der Brüstung im ersten Obergeschoss ausgelassen und ein leichtes, durchsichtiges Stahlgeländer eingebaut, wodurch eine Art „Balkon zur Stadt" entsteht, als ob dort zuweilen jemand – vielleicht für eine Ansprache – aus einem dahinter liegenden „piano nobile" zur erwarten wäre. Zu zaghaft aber, zu schüchtern ist diese kleine Geste des Entgegenkommens an die Umgebung, als dass sie wirklich anerkannt würde. Als sei man damit bereits zu leutselig geworden, wurde das Sitzungssaalgebäude – wie zur Wiedergutmachung –

of its oft-praised transparency, which creates a vista from the *Schlossgarten* to the Botanical Gardens, whilst making the Court itself appear as an *ortlos* (placeless) building, with no specific space to which it can relate. It clearly avoids all contact with its classicist surroundings. Four of the five almost quadratic pavilions stubbornly cling to a central axis – a glazed passageway more than seventy metres long – as if they were attached to the ends of a Latin cross. Only the large Judges' Building floats above them, as a structure bearing little relationship to its surroundings. However, the growing uncertainty as to whether the ensemble of buildings has found its place here is tempered by the strict geometry of the buildings themselves. Positioned along the glass "backbone", the ensemble seems to be firmly wedged in between the *Schloss*, the *Kunsthalle*, and *Waldstrasse* (the road linking them); with the line marked out by the latter being taken up by the "front" of the Courtroom Building – the tallest building in the ensemble.

Almost incidentally, the central fields of the parapet (facing *Waldstraße*) on the first floor have been omitted. In their place, a lightweight, transparent steel railing has been installed, thus creating a kind of balcony facing the city. One gets the impression that someone might come from there occasionally to give an address, perhaps from a "piano nobile" behind the balcony. However, this gesture of accommodation to the surroundings is too timid and too shy to re-

vielmehr auf ein Podest aus grauem Bruchstein aufgesetzt, das sich in etwa kniehoch, wie eine leichte Schwellung aus dem Gelände wölbt: als ob es, ein wenig über das Terrain erhaben, doch nicht zum Park oder zur Stadt und also nicht an diesen Ort gehörte.[4] Die etwas spröde Zurückhaltung ist charakteristisch für das Auftreten der gesamten Gruppe. Sie stellt sich dem Vorübergehenden nicht herrisch in den Blick, noch lenkt sie unmittelbar die Aufmerksamkeit auf sich. Durchblicke und transparente Übergänge fordern aber dazu auf, die Gebäude allmählich zu entdecken. Man muss im Raum sein und sich darin bewegen, um ihm durch die eigene Anwesenheit Sinn zu verleihen.

Das Haus als Organismus

Äußerlichen Zusammenhalt erlangt die Komposition der fünf Baukörper durch die disziplinierte Beschränkung auf wenige, immer wiederkehrende Materialien. Auffällig sind die um alle Gebäude herumlaufenden Bänder aus wolkig grauen Aluminiumgussplatten, die sich vor allem bei den niedrigen Pavillons wie breit lastende Borten um die Dachkante legen. Dazu sind die Laufstäbe und Lamellen der Sonnenschutzvorrichtungen samt der eingehängten Stores in Weiß oder hellem Grau gehalten, was gemeinsam mit der warmen, etwas ins Rotbraun neigenden Farbe der Fensterrahmen zu der zurückhaltenden Eleganz der Gebäudegruppe beiträgt.[5] Daneben erzeugt die transparente Reduktion des Verbindungsgangs eine quasi-ideelle Achse, die lediglich als funktionales Muss noch zwischen den Gebäuden schwebt.

Das Sitzungssaalgebäude mit dem „Balkon zur Stadt“ / The Courtroom Building with its “balcony facing the city”

Zurückhaltende Eleganz / Discrete elegance

ally find recognition. And as though this diffidence had already established an overly affable relationship to the surroundings, the Courtroom Building, perhaps by way of compensation, was placed on a plinth of grey quarry stone rising in a slight outwards curve at about knee height from the ground. As if it – being a little “above” the terrain – did not really belong to the park or to the city and hence, to this place.[4] This feeling of aloofness is characteristic of the entire ensemble, which, while it does not strike passers-by as overbearing, does not immediately attract their interest either. The vistas and transparent transitions demand that one discovers the building gradually. One must be in a space and move within it to give it meaning by one’s own presence.

The House as an Organism

The five buildings owe their external cohesion to a strict decision to limit the materials to a few that are used repeatedly. A conspicuous feature are cloud-grey cast aluminium panels that form strips round each of the buildings. These strips follow the roof edge – especially on the low pavilions – like wide, heavy borders. For consistency’s sake, the rails and lamellas of the sunshading and the hanging net curtains have been kept white or light grey. Together with the window frames, which have been given a warm reddish-brown, they contribute to the demure elegance of the whole.[5] Furthermore, the transparent reduction of the passageway creates a quasi-ideal axis, which merely floats be-

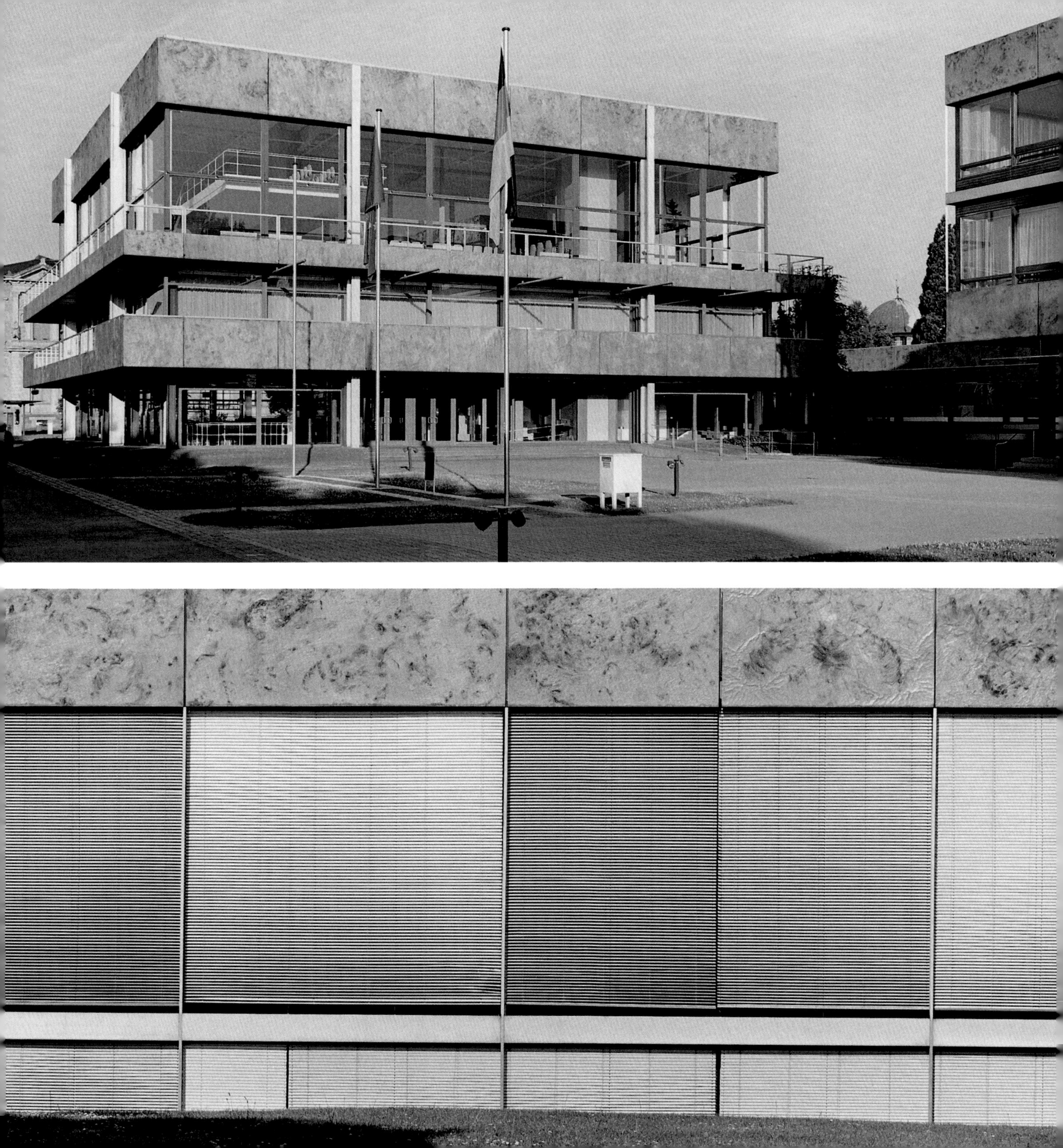

Von „draußen", aus einem strukturellen Zwischenbereich, wird man immer wieder zu den „eigentlichen" Räumen der fünf Pavillons geführt.

Nicht zufällig wird man an Maschinenmetaphern erinnert. Bereits die in den oberen Geschossen um den Sitzungssaal eingehängten Emporen und Treppen lassen an die leichten, vom Arbeitsablauf bestimmten Einbauten einer Produktionshalle denken. Ebenso „rational" war Baumgartens Konzeption: Wie bei einem Organismus wurde jedem der fünf Pavillons eine besondere Funktion zugeteilt, die jedoch erst aus dem Zusammenspiel der gesamten Anlage ihre jeweilige Aufgabe und Bedeutung entwickelt. Mit ein paar Schritten hoch auf den Laufsteg hat man sich der Umwelt enthoben. Ist man aber erst einmal in den Organismus eingestiegen, dann bewegt man sich in einem vermeintlich autarken „Raumschiff", dessen Funktionsbereiche streng logistisch untereinander vernetzt sind. In den einzelnen Gebäuden bestimmen dann die räumlichen Festlegungen – je nach „Sektor" – das Tun der Benutzer.

Entsprechend besitzt jedes „Organ" seinen eigentümlichen Charakter. Sanft setzen das ehemalige Casino[6] (bei der Kunsthalle) und das ringförmig um einen geschlossenen Kern angeordnete Verwaltungsgebäude (vor dem Westflügel des Schlosses) an den gegenüberliegenden Enden der Gebäudegruppe auf das Gelände auf. Dazwischen reicht

Laufsteg und „Sektoren" / Walkway and "sectors"

Sitzungssaalgebäude: Die eingehängten Emporen und Treppen lassen an eine Produktionshalle denken.
The Courtroom Building: The suspended galleries and stairs resemble a factory.

tween the buildings as a functional "must". From the "outside", a structurally intermediate space, one is repeatedly led back into the rooms of the five pavilions.

It is no mere accident that machine metaphors spring to mind here. The suspended galleries and stairs in the upper floors around the courtroom are immediately reminiscent of lightweight factory installations whose choice is determined by work processes. Baumgarten adopted an equally "rational" approach: as in an organism, each of the five pavilions was accorded a specific function. However, it was only through the interplay of the elements within the whole that each pavilion assumed its particular role and significance. After taking only a few steps up onto the walkway, one is liberated from the immediate surroundings. However, once the visitor has stepped inside the organism, he finds himself moving around in a seemingly autarchic "spaceship" whose various functional areas are logistically closely linked to one another. In the individual buildings, the spatial arrangements – depending on the "sector" – thus define the activities of the users.

Accordingly, each "organ" has its own distinct character. The former canteen[6] (by the *Kunsthalle*) and the ring-shaped administration building (in front of the west wing of the *Schloss*), built round a closed core, gently touch down on the

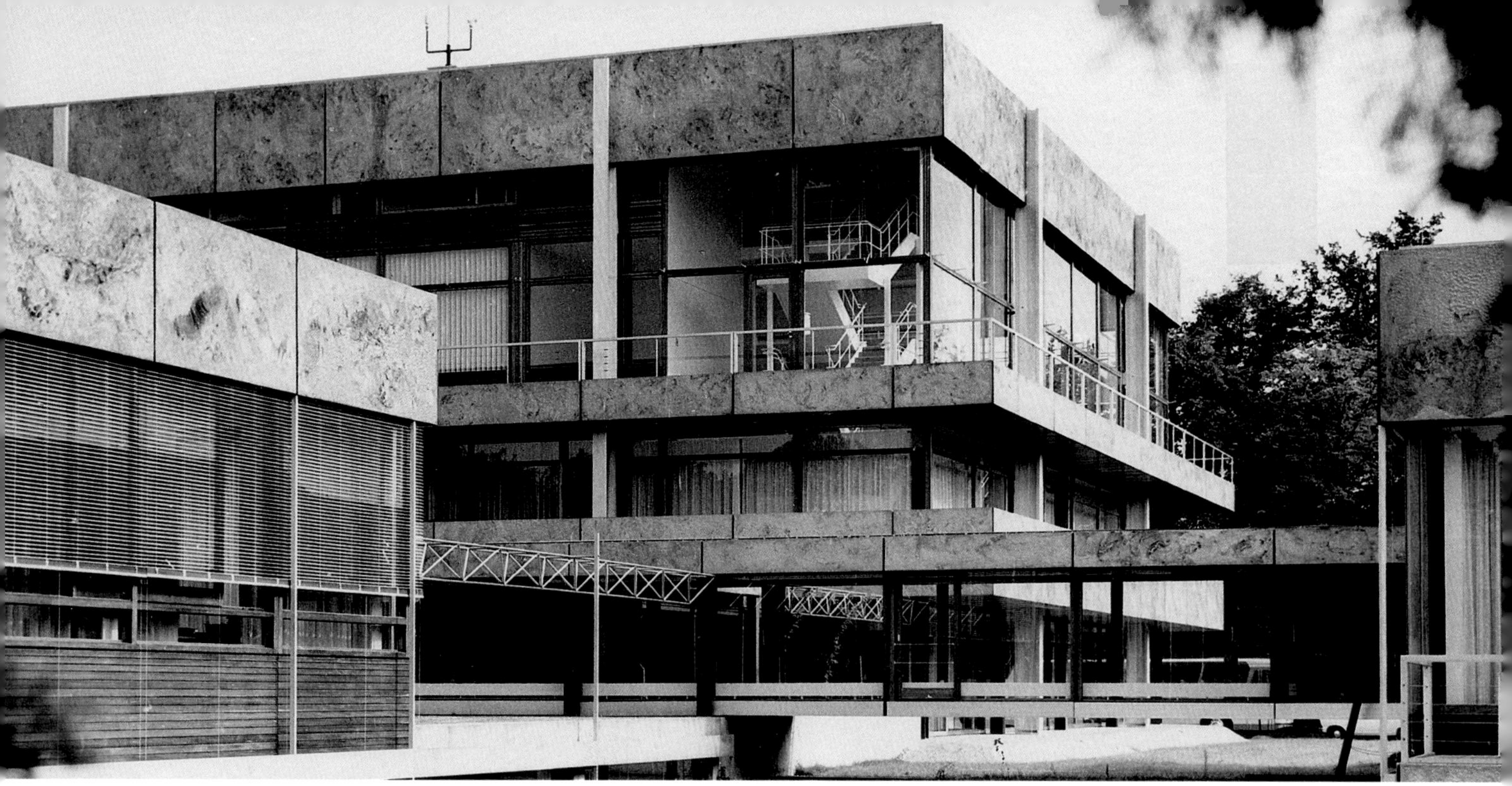

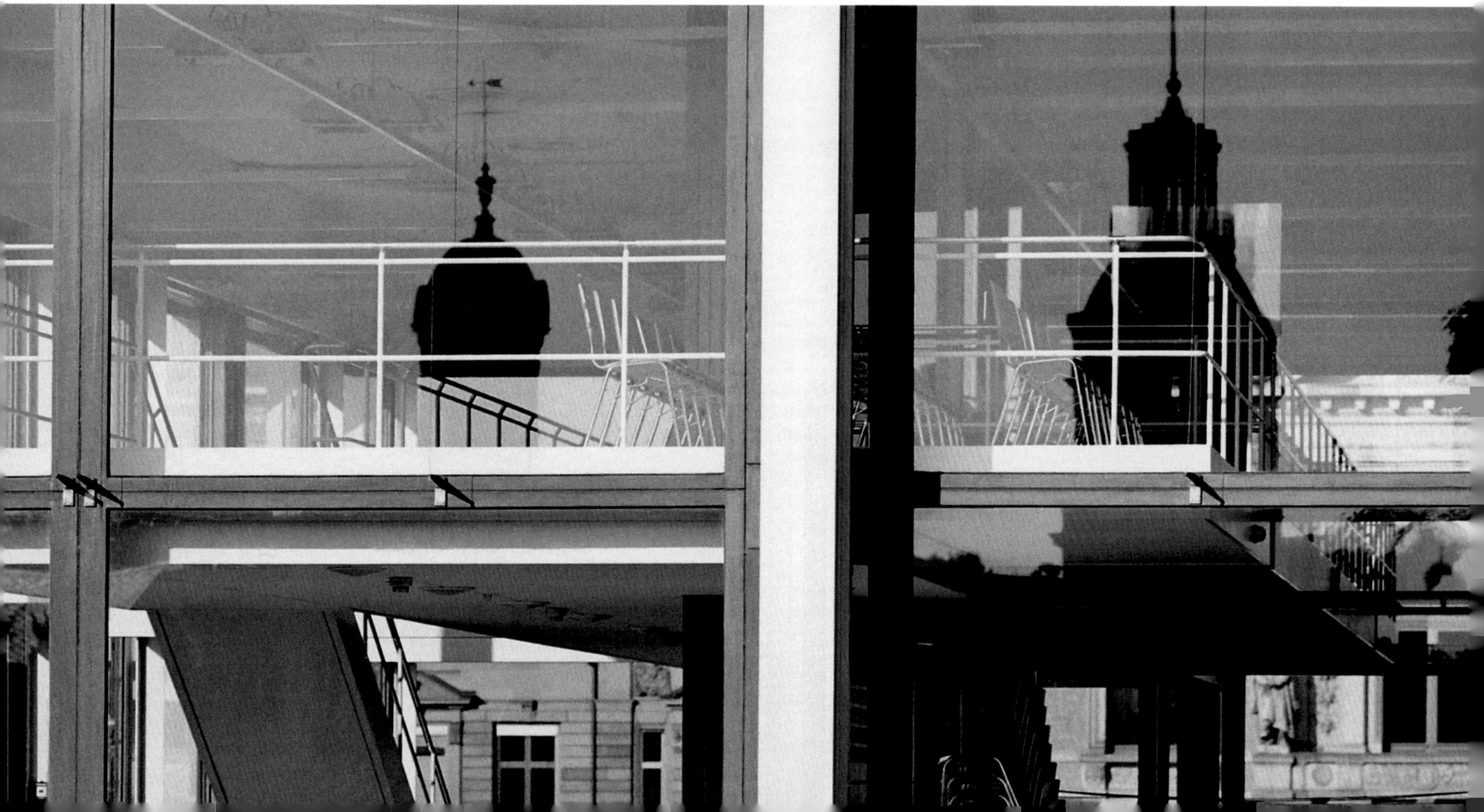

die Bibliothek mit dem frontal davor gesetzten Lesesaal leise in die Mitte des Botanischen Gartens, dessen unwirkliche „Idylle“ an humanistische Bilder zurückgezogener Eremiten erinnert. Unter den drei „dienenden“ Pavillons: Verwaltung, Casino und Bibliothek, nimmt letztere eine Sonderstellung ein. Denn über die Achse des „Rückgrats“ gespiegelt, stehen sich Sitzungssaalgebäude und Bibliothek unmittelbar zur Seite, wodurch gemeinsam mit dem Richtergebäude ein zentrales Funktionsdreieck entsteht. Der Richterring schwebt hoheitlich über dem Parkgelände. Der Stadt aber am nächsten öffnet sich das Sitzungssaalgebäude mit einer großzügigen, transparenten Glashaut der Öffentlichkeit.

Das Richtergebäude

Der im Grundriss größte Körper der Gruppe, das Richtergebäude, ist mehr als die anderen Bauten mit Metaphern und symbolischen Verweisen angereichert. Auf zwei Ebenen residieren die beiden Senate des Gerichts – unten der Erste, oben der Zweite Senat – mit je acht Verfassungsrichtern, denen jeweils ein Sekretariat und ein wissenschaftlicher Mitarbeiter zugeordnet sind. Schwer und bedeutend schwebt der zweigeschossige „Ring“ auf blauen Stahlstützen über dem Parkgelände. Darunter versucht sich ein gläserner Eingangs- und Kontrollbereich so gut als möglich unsichtbar zu machen. Etwas weiter hinten quert die weitgehend transparente Verbindungsröhre das ansonsten freie

ground at the opposite ends of the building ensemble. And between them the library, with the reading room at the front, extends quietly into the middle of the Botanical Gardens, whose unreal "idyll" recalls humanist pictures of secluded hermits. Among the three "subordinate" pavilions – the administration, the canteen and the library – the last occupies a special position. Mirroring each other along the "backbone" axis, the Courtroom Building and the library stand by one another, thus creating, together with the Judges' Building, a central functional triangle. The Judges' Building floats sovereignly above the park. The Courtroom Building, which is the building closest to the city, presents an open face to the public with its extensive transparent glass skin.

The Judges' Building

The largest building in the overall plan, the Judges' Building, contains far more metaphors and symbolic allusions than the other buildings. The two Court "Senates" (panels) occupy two levels: the First on the lower level, the Second on the upper. Each Senate is composed of eight constitutional judges, all of whom are assigned secretaries and a research assistant. The weighty, prominent two-storey-high "ring" floats on blue steel columns above the park. Beneath, a glass entrance and monitoring area strives to appear as inconspicuous as possible. Slightly further back, the almost transparent tubular corridor crosses the otherwise empty site.[7] In all probability, it was deliberately not placed

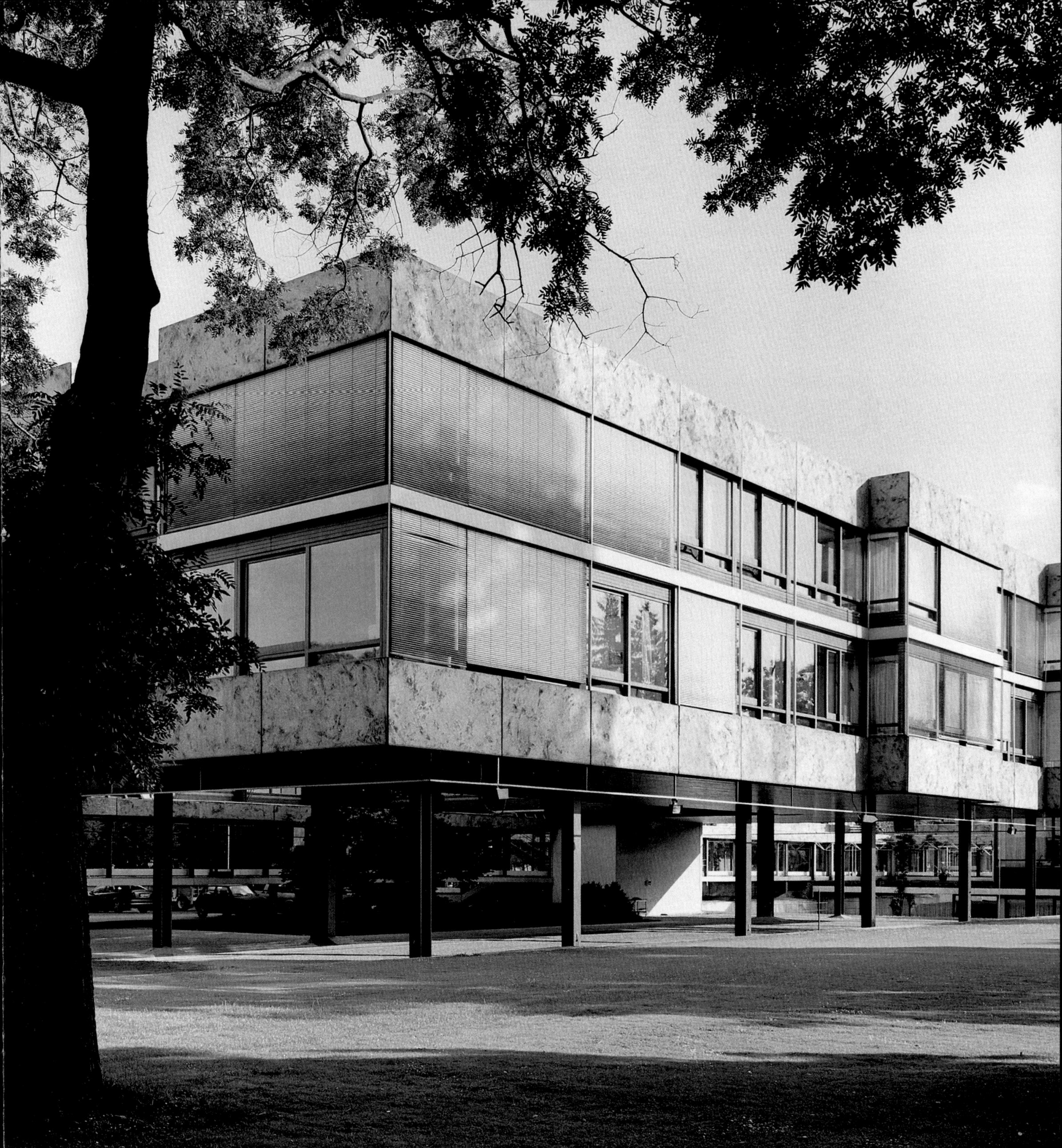

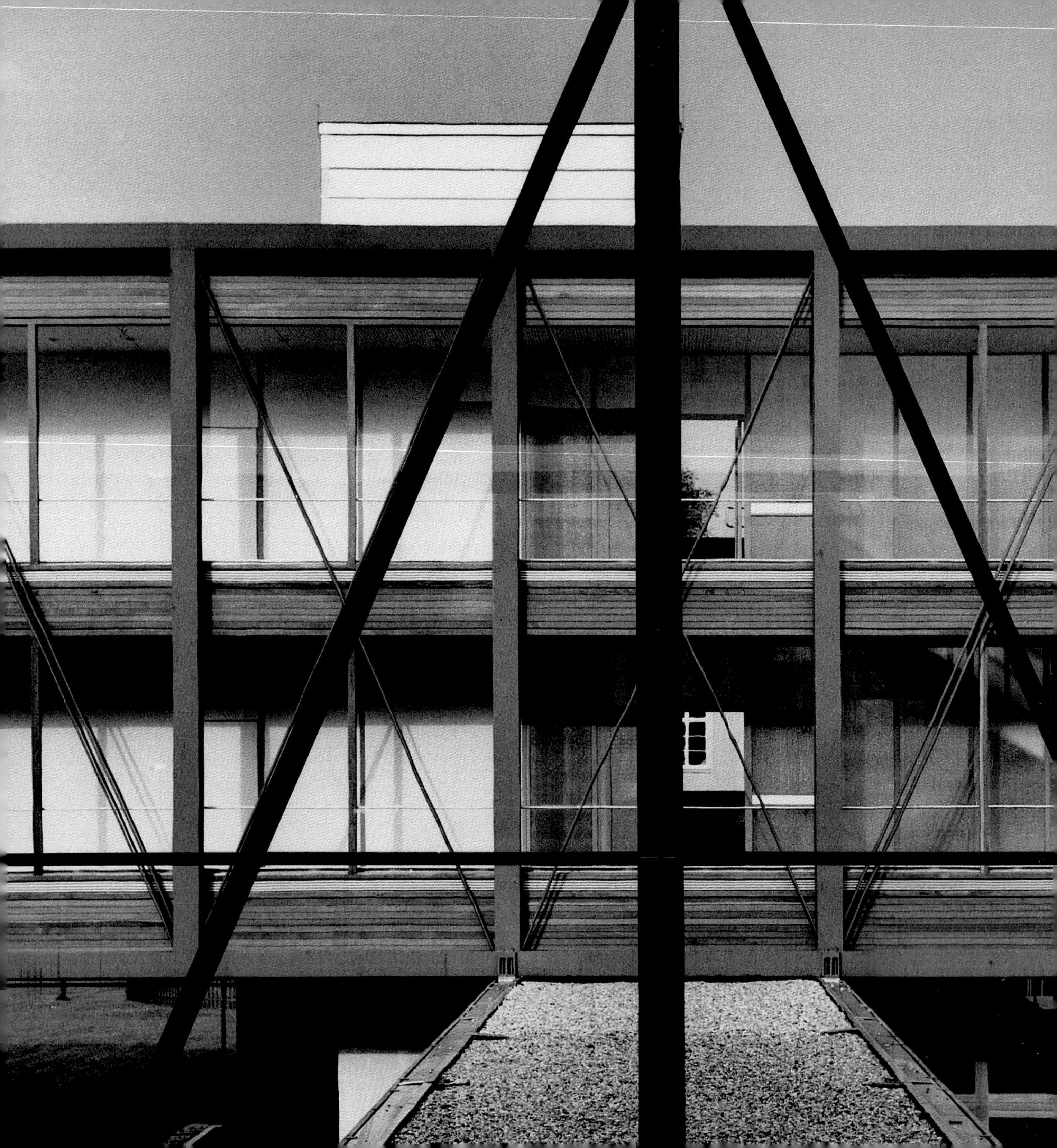

Gelände.[7] Sie wurde wohl ganz bewusst nicht mittig unter das Gebäude gesetzt, gerade so, als ob das die Unabhängigkeit der Richter zu starr auf die Achse der Anlage arretiert hätte.

Daneben erhöhen weitere Maßnahmen die bildhafte Autonomie des Richterrings: Das breit den Dachrand umlaufende Band aus Aluminiumgussplatten wurde an der unteren Gebäudekante noch einmal wiederholt, wodurch tatsächlich eine ringartige Einfassung entstand, zwischen der die Fensterfronten der beiden Ebenen wie Intarsien in der Fassade sitzen. Der „Ring" kreist in sich selbst. Ohne an einer Seite eine Hauptfassade zu entwickeln, laufen die Aluminium- und Fensterbänder in einer „unendlichen" Bewegung um das Gebäude. Hie und da ragen noch die übereinander liegenden Richter- und Beratungszimmer in unregelmäßigen Abständen wie die ornamentalen Zacken dieser aufgestelzten Krone vor die Fassadenfluchten. Fassungen und „Intarsien" laufen aber einfach darüber hinweg, was die in sich kreisende Bewegung des „Ringes" zusätzlich fördert.

Rund um den rechteckigen „Innenhof" – den unerreichbaren, leeren Kern des „Rings" – findet man dieses Motiv wieder. Beide Geschosse überspannende, blaue Stahlrahmen mit diagonalen Zugbändern liegen als äußere ornamentale Schicht vor der Verglasung zweier übereinander liegender Galerien. Rötlich braune Fensterelemente rhythmisieren

Die ornamentale Schicht des Innenhofes / The ornamental layer of the inner courtyard

beneath the centre of the building – for fear, perhaps, that this would have prevented the judges' independence from extending beyond the axis of the ensemble.

Additional measures have been taken to heighten the visual autonomy of the Judges' Building. The broad strip of cast aluminium panels running round the roof edge is repeated along the lower edge of the building, creating a ring-like border that accommodates – rather like intarsia – the window fronts of the two levels in the façade. The "ring" revolves within itself. The aluminium and the window strips, which do not develop a main façade on any particular side, pass round the building in "endless" movement. Here and there, the judges' and counselling rooms, which are stacked one above the other, rise at irregular intervals like the ornamental points of this crown in front of the façade lines. The borders and "intarsia" simply follow the contours of the building, intensifying still further the circular motion of the "ring".

One finds this motif again around the rectangular "inner courtyard" in the inaccessible empty core of the "ring". Blue steel frames with diagonal beam ties, which span both storeys, form an external ornamental layer in front of the glazing of the two gallery levels. Reddish-brown window elements instil rhythm into the bays created by the steel frames. The thin white lines of the handrails, which are mounted on the inside of the window elements, take up the incipient

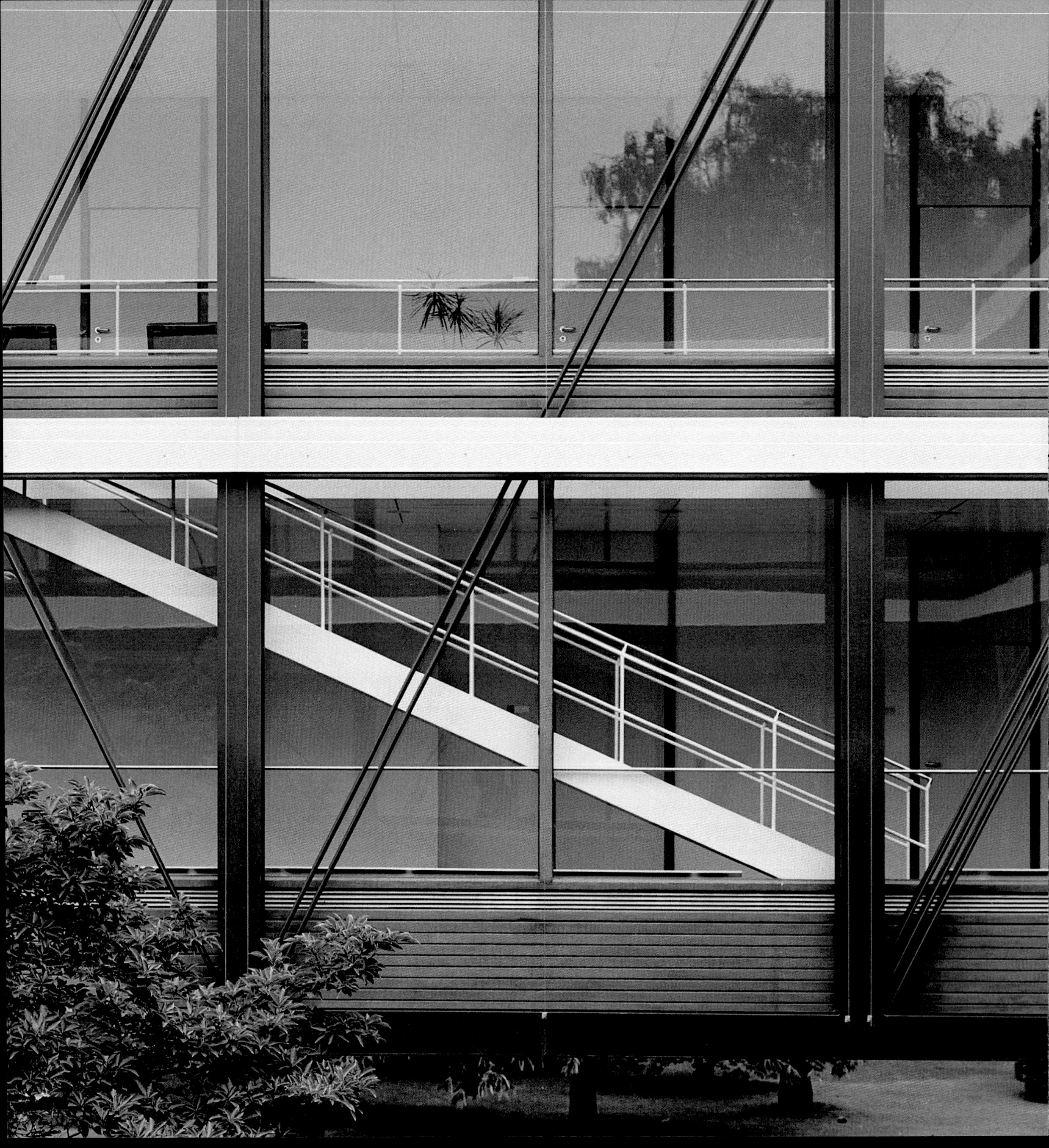

die von den Stahlrahmen bereits vorgegebenen Joche. Dünne weiße Linien der im Inneren, hinter den Fenstern montierten Handläufe nehmen die begonnene Bewegung auf, die aus der Tiefe der Umgänge noch einmal von der umlaufenden Reihe der Türrahmen, schließlich vom Gang um den „Innenhof" und das Auf und Ab über eine sehr schlichte, einläufige Treppe beantwortet wird. Das erneut beginnende Kreisen unterstützt die introvertierte Haltung der Galerien, die wie klösterliche Kreuzgänge eine abgeschiedene Distanz zu ihrer Umgebung wahren und dabei kaum durch die wenigen Hinweise auf das Draußen – die seitlichen Ausgänge zu den Treppen, den unter dem Richterring durchlaufenden Gang, den knappen Blicken unter dem „Ring" hindurch – gestört werden. Das Gebäude hat sich von einem konkreten Ort unabhängig gemacht, was die Würde der von ihm repräsentierten Institution betont. Erst von den Richter- und Büroräumen aus, kann man dann wieder einen distanzierten Blick auf die Umgebung werfen.

Das Sitzungssaalgebäude

Kaum verhüllt zeigt sich das Sitzungssaalgebäude der Stadt. Hoch und breit aufragend, lässt es rundum Blicke in sein Inneres zu.[8] Die sachliche Schlichtheit des Gebäudes entbehrt dabei keinesfalls einer angemessenen Würde, derentwegen durchaus auf traditionelle Gewohnheiten zurückgegriffen wurde. Vor die Fronten gestellte, mit weißen Aluminiumprofilen verblendete Stahlstützen teilen die vier nahezu identischen Fassaden – ganz der klassischen Drei-

Die abgeschiedene Distanz klösterlicher Kreuzgänge / The secluded isolation of medieval cloisters

movement which is echoed, on the rear wall of the gallery, by the surrounding row of door frames, and finally by the path the visitor follows round the "inner courtyard", going up and down stairs as he proceeds along the passageway. The return of the circling motif reinforces the introverted effect made by the galleries. Like medieval cloisters, they maintain a secluded distance vis-à-vis their surroundings and are hardly disturbed by the rare references to the world outside: the side exits to the stairs, the passageway running beneath the Judges' Building, the scant views down through the "Ring". The building has emancipated itself from a concrete location, thereby emphasising the dignity of the institution it represents. Only from the judges' and office rooms does one again have a distanced view of the surroundings.

The Courtroom Building

The Courtroom Building openly presents itself to the city. This wide structure rises high, and allows views into its interior from all sides.[8] Its rational simplicity by no means denies it that fitting dignity sought by Baumgarten, who drew on traditional solutions to achieve this end. In front of the building, and following the classical tripartite division, steel columns clad with white aluminium profiles divide the four almost identical façades into two narrow side zones and one broad middle one.[9] A gesture as binding as this is obviously retracted immediately by the internal organisation,

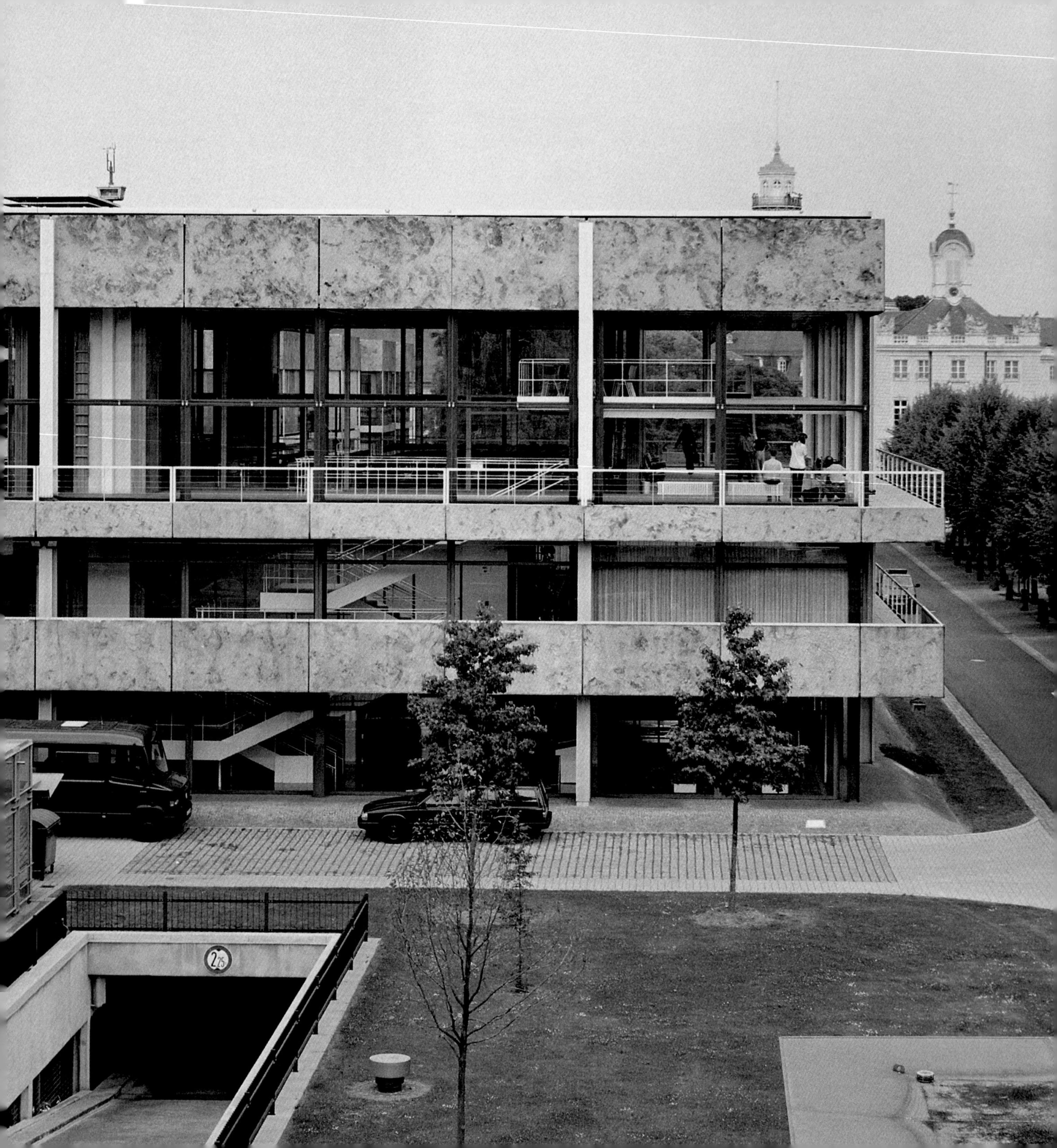

teilung gemäß – jeweils in zwei schmale seitliche und eine breite mittlere Zone.[9] Natürlich wird eine solch verbindliche Geste sogleich wieder durch die innere Organisation zurückgenommen, die dann ausgerechnet in der Mitte der Front eine weitere Stütze vorsieht oder den Eingang auf der nordöstlichen Seite ganz bewusst aus der Mittelachse rückt.

Dann aber taucht die Dreiteilung – nochmals verfremdet – wieder in der vertikalen Fassadengliederung auf: Über einem niedrigen Erdgeschoss liegt eine ebenso niedrige mittlere Etage mit einem länglichen Festsaal (dem ehemaligen piano nobile?), Räumen für die Presse und ein paar Büroräumen. Darüber endlich thront der große Sitzungssaal, zwei luftige Geschosse hoch mit den seitlich eingehängten Emporen.[10] Ringförmig um das Gebäude herumlaufende Balkone akzentuieren die Dreiteilung. Wie der obere Fassadenabschluss wurden sie mit Aluminiumgussplatten verblendet, wodurch das optisch verjüngte mittlere Geschoss wie eine dünne Sandwichscheibe zwischen den Balkonringen zu stecken scheint. Schwer lasten sie über der verglasten Eingangshalle. Man hat diese Abzeichen, diese „Speckringe der Würde" wohl über den jugendlich aufragenden Körper angelegt, um dem Gebäude trotz aller Transparenz und Leichtigkeit noch einigen Ernst und Bedeutung zu verleihen.

Das Sitzungssaalgebäude / The Courtroom Building

which calls for an additional column at the centre of the front, of all places, and deliberately shifts the entrance on the northeast side away from the central axis.

But then the tripartite divisions reappear – in alienated form – in the vertical divisions of the façade. On the low ground floor rests an equally low middle floor with a long banqueting hall (the *piano nobile* of old?), press rooms and a few offices. These are finally crowned by the large, airy, two-storey Courtroom, which has galleries suspended at the sides.[10] Balconies arranged in rings around the building accentuate the tripartite structuring. Like the upper end of the façade, they too have been clad with cast aluminium panels, making the optically narrower middle floor seem as if it were stuck like a thin sandwich layer between the two rings of balconies. The balconies weigh heavily upon the glazed entrance hall. These emblems, these "dignified rings of fat" were probably placed on the rising young building in order to give it a certain air of seriousness and importance despite all its transparency and lightness.

The Courtroom Building lies somewhat lower than the other Court buildings. The public is invited to take just a few steps into the broad and almost entirely glazed foyer on the ground floor. The white columns, the furniture and, most

Das Sitzungssaalgebäude liegt etwas tiefer als die restlichen Gebäude des Gerichts. Über wenige Stufen bittet man die Öffentlichkeit unmittelbar in das weite, nahezu rundum verglaste Foyer im Erdgeschoss. Auf dem beigen Natursteinbelag des Fußbodens spiegeln sich die weißen Stützen, die Möbel und vor allem die weiß gestrichene Holzakustikdecke mit den eingesetzten Leuchten und Auslässen der Ventilation. Daneben lassen die Bäume des Schlossgartens und das zuweilen changierende Helldunkel des Himmels ihre Abbilder auf der glänzenden Unterlage spielen. Dem blässlichen (weißen, beigen, grauen, schwarzen) Interieur wird damit etwas Leben eingehaucht, das die Halle bis hin zur Rückseite des Plenarsaals (wo die Schwarz-Weiß-Photos der bisherigen Verfassungsrichter hängen[11]) mit der eigentümlichen Stimmung des Ortes färbt. Zwar ist man in das Gebäude eingetreten, hat den Park aber dennoch nicht verlassen. Alle Blicke führen immer wieder ins Draußen zurück, das als horizontales Farbband hinter den Scheiben die Aufmerksamkeit auf sich zieht.

Der Weg hinauf zum Sitzungssaal ist ein Aufstieg ins Licht. Im mittleren Geschoss verstellt die hohe, umlaufende Balustrade zwar anfänglich noch die Aussicht. Wie ein Rahmen gibt sie zu verstehen, dass man sich jetzt doch im Gebäude befindet, obwohl sie dann – vor einem zum Schlossgarten hin schauenden Versammlungssaal – großzügig ausgelassen wurde, womit erneut der Eindruck vermittelt wird, mitten „in Bäumen" zu stehen. Daneben wird man den Presseraum

strikingly, the white-painted wooden acoustic ceiling with its built-in lamps and ventilation outlets are reflected in the gleaming beige natural stone flooring. Furthermore, the trees in the castle grounds and the changing hues of the sky reflect on the shiny surface, breathing life into the pale (white, beige, grey and black) interior investing the hall – as far as the rear side of the Plenum (where the black-and-white photos of past Constitutional Court judges hang[11]) – with the unique atmosphere of the setting. For even when one has entered the Courtroom Building, one still finds oneself inside the park. No matter which way one looks, one's eyes are always drawn to the world outside, to a horizontal strip of colour beyond the windows.

The way up to the courtroom is an ascent into light. On the middle floor, the high balustrade running round the building obscures the view at first. Like a frame, it indicates that one is still inside the building, although it is absent where the conference hall faces the *Schlossgarten*, thus reinforcing one's impression of standing amongst the trees. One passes by the adjacent press room, with its telephone booths from an almost forgotten age, and, of course, the administration rooms, before at last ascending into that spacious, light zone at whose centre – surrounded by an envelope of light and air – the courtroom is located. There, however, the openness of the rooms and the atmospheric lightness of the architecture distract from the most important feature, so that one first goes beneath a light, white floating

mit den Telefonkabinen aus einer fast schon vergessenen Zeit und allemal die Verwaltungsräume aber bald links liegen lassen, um endlich hoch in jene geräumige, helle Zone zu gelangen, in deren Zentrum – inmitten einer Hülle aus Licht und Luft – sich der Sitzungssaal befindet. Dort lenken die Offenheit der Räume und die atmosphärische Leichtigkeit der Architektur anfangs jedoch noch ab von der Hauptsache, weswegen man erst einmal unter einer leicht und weiß im Himmel schwebenden Empore hindurch zu den hohen Glasflächen der Fassade tritt, um einen Blick hinaus auf die Umgebung zu werfen: auf die Kunsthalle, auf Teile der Stadt, den Garten und linker Hand weiter hinten dann das Schloss. Gleich hier im Raum – nach ein paar Schritten – führt eine letzte, immer weiter nach oben führende Treppe zu jener um die getäfelte Rückwand des Sitzungssaales gefalteten Empore, von der aus die Presse durch eine Doppeltür zu einem eigenen Hochsitz im Saal gelangt. Seitwärts aber, zwischen der Glaswand des Saals und der Fassadenfront, kann man sich auf ein paar Stuhlreihen in den „Himmel" setzen, während schräg unten die Urteile des Gerichts verkündet werden.

Mit frappierender geometrischer Einfachheit sitzt der Kern des Gebäudes, der Sitzungssaal, als zentrales Gehäuse inmitten dieses oberen Luft- und Lichtgeschosses. Eine nahezu geschossbreite, äußerst schlichte Holzwand dient als Paravent, hinter dem diverse Beratungszimmer versteckt liegen. Lediglich die riesigen Furniertafeln und die wenigen Schattenfugen erzeugen repräsentative Größe und eine beinahe ornamentale Feierlichkeit. Aus der mittig eingeschnit-

gallery to the high glass surfaces of the façade to gain a view of the surroundings: the *Kunsthalle*, parts of the city, the grounds and, further back on the left, the *Schloss*. Right here in the room – after taking only a few steps – a final staircase leads up to the gallery wrapped round the panelled rear wall of the courtroom. It is from this gallery that members of the press pass through a double door to their own raised hide in the courtroom. At the side, between the glass courtroom wall and the façade front, visitors can sit on the chairs lined up in rows up in the "gods", whilst the court is pronouncing judgement down below.

The core of the building, the courtroom, which displays the most amazingly simple geometry, forms the central structure in the middle of this light and airy upper floor. An extremely simple wooden wall, extending almost the entire width of the floor, serves as a screen concealing various conference rooms. Only the huge veneered panels and the few shadow gaps create that prestigious feel and lend the room an almost ornamental solemnity. When they are about to pronounce judgement, the judges enter the hall in their red robes through grand tall doors carved out in the middle. In front of them stands the momentous judges' bench, which extends the entire width of the hall. The bench is veneered with the same restraint as the screen. As a consequence, the scant decoration – the wood-hewn Eagle,[12] the black-red-and-gold German flag, and the red of the robes – is all the more striking. There are a few rows of tables

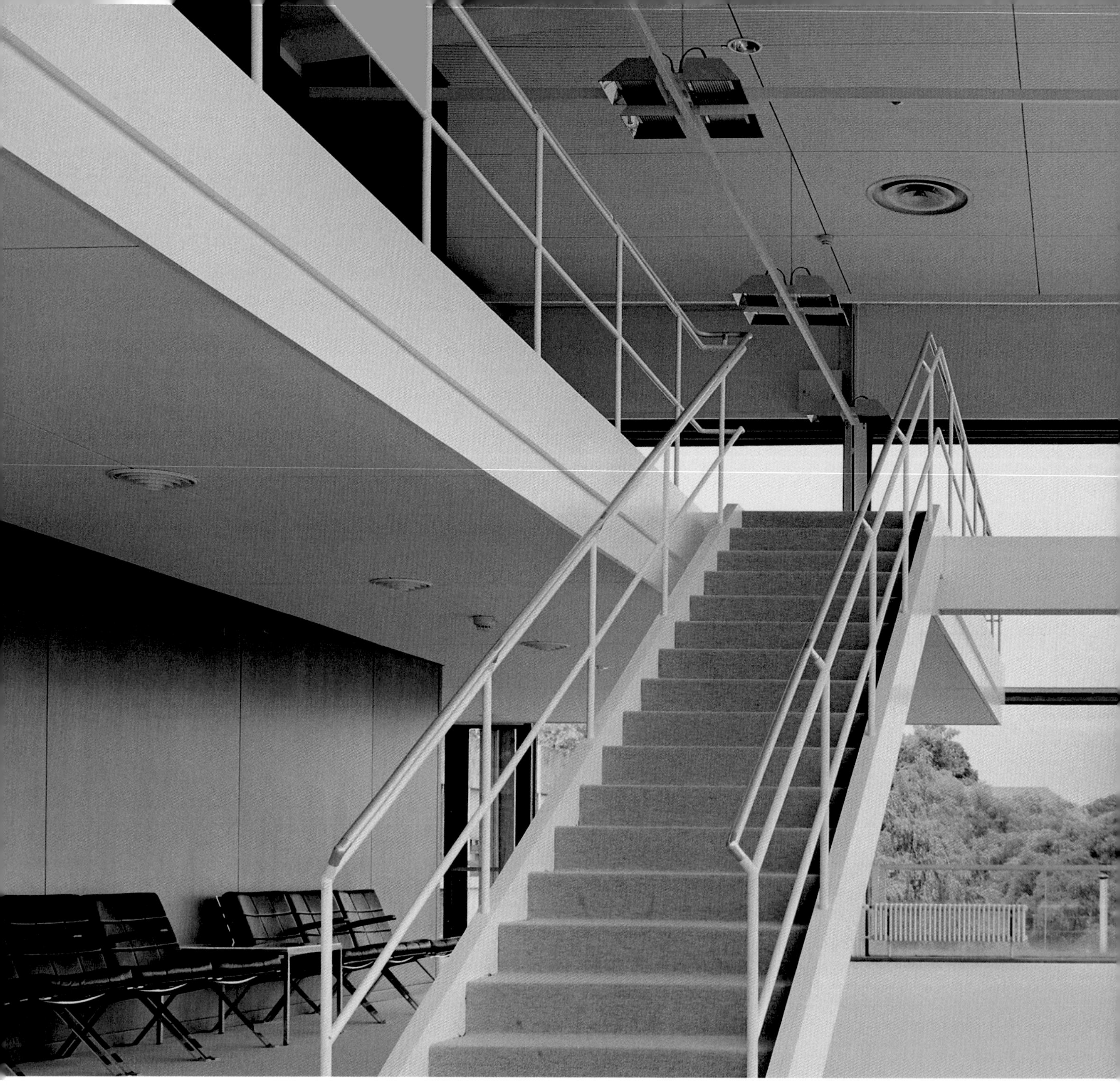

Treppe zu den Emporen
Stairs leading to the galleries

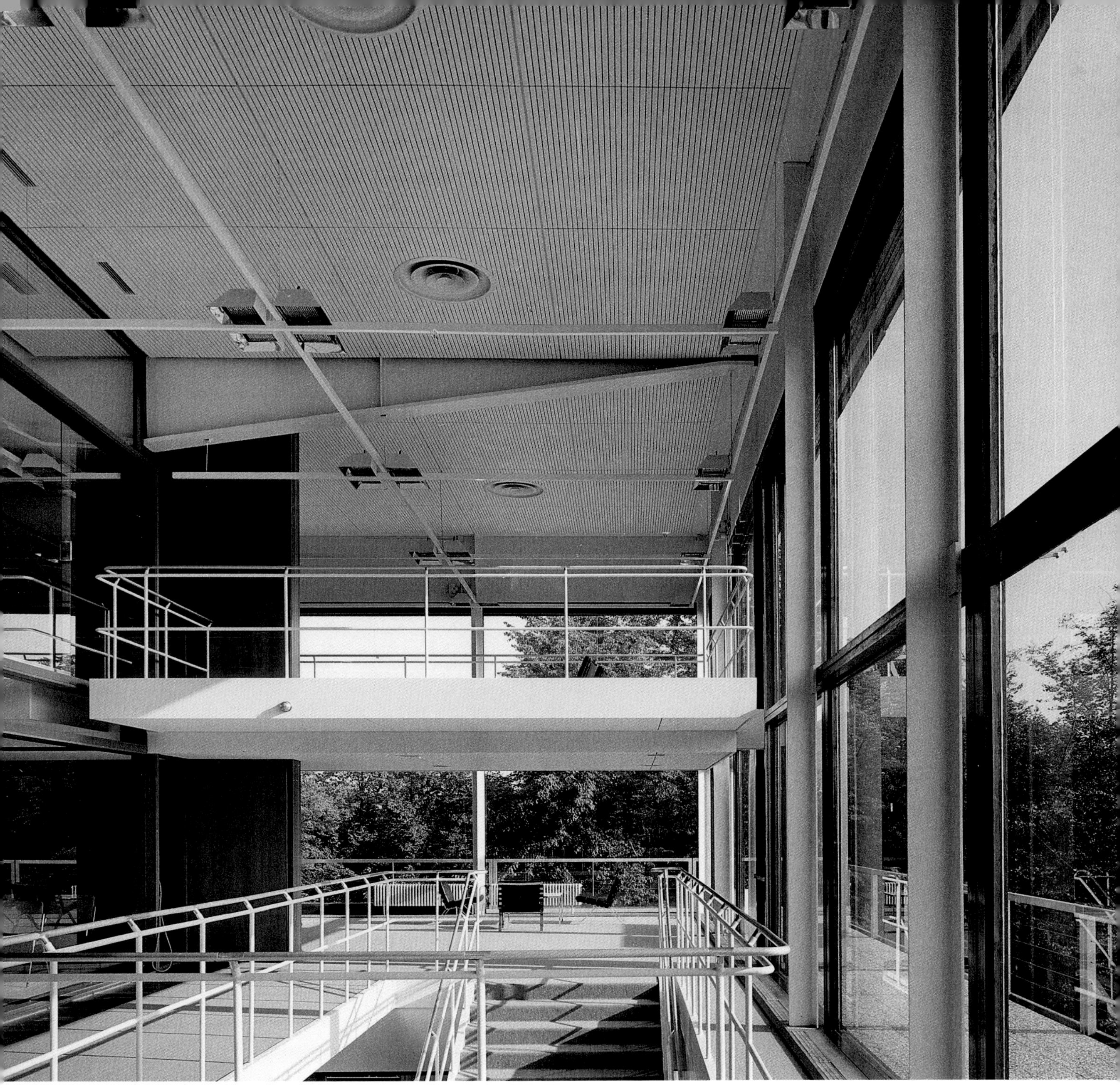

Eine Hülle aus Licht und Luft, in deren Zentrum sich der Sitzungssaal befindet
An envelope of light and air surrounding the courtroom

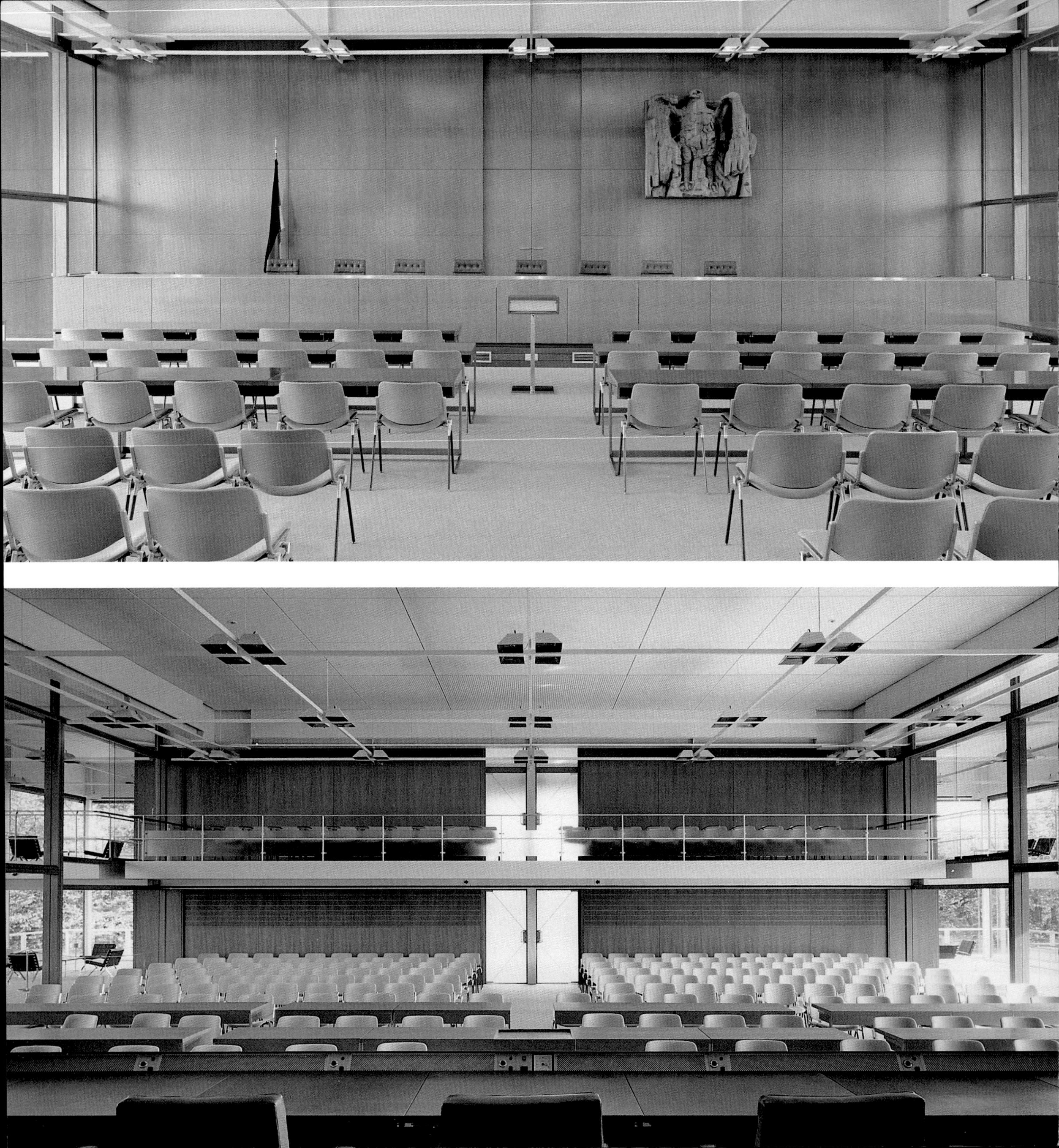

tenen, ehrwürdig hohen Türe werden die Richter in ihren roten Roben zur Verkündigung den Saal betreten. Davor streckt sich saalbreit und bedeutend das mit gleicher Zurückhaltung furnierte Richterpult, wodurch der seltene Schmuck – der grob aus Holz geschnitzte Bundesadler[12], das Schwarz-Rot-Gold der Bundesfahne und natürlich das Rot der Roben – nur umso eindringlicher zur Geltung kommt. In der Mitte des Saals reihen sich schließlich einige Tisch- und Stuhlreihen.[13] Den hinteren Abschluss bildet die bereits erwähnte Emporenwand, die mit der eingezogenen Pressetribüne und mittig übereinanderstehenden Doppeltüren auf die strenge Symmetrie der Richterbühne antwortet. Ansonsten durchtönt erneut Klarheit und Durchsichtigkeit den Raum, dessen seitliche Begrenzungen zu verschwimmen scheinen. Eine Glaswand und deren Holzprofile erinnern noch an den Übergang in die umlaufende Raumhülle, dort, wo die Empore um den Sitzungssaal herumgeknickt wurde. Dahinter spannt bereits die große äußere Glashaut, dann der schmale Balkon mit dünnen, beinahe unbemerkt bleibenden Geländerstäben, die schon längst wieder den Blick in die Umgebung der Kunsthalle und des Schlosses freigegeben haben, in deren transparenter Mitte das Gericht tagt.

Schluss

Im Grunde genommen war Baumgarten, als er das Bundesverfassungsgericht entwarf, ein streng strukturalistischer Denker. Die Pavillons sind zunächst nicht viel mehr als „sprachliche" Elemente, die erst durch die alltägliche Nutzung

Das Richterpult mit Bundesfahne und Bundesadler / The judges' bench, the German flag and the wood-hewn Eagle

Die hintere Emporenwand mit der Pressetribüne / The rear gallery wall with the press gallery

and chairs in the middle of the courtroom.[13] At the rear, the courtroom ends at the aforementioned gallery wall with its setback press gallery and central double doors above one another, which correspond to the strict symmetry of the raised judges' bench. Again, clarity and transparency pervade the room, whose glass side walls seem to swim before one's eyes. And these glass walls, with their wooden profiles, recall the transition to the surrounding envelope at the point where the gallery is wrapped round the Courtroom. At the back extends the huge external glass skin as well as the narrow balcony, which – having thin, barely noticeable handrail standards – provides yet another view of the surroundings of the *Kunsthalle* and the *Schloss*, in whose transparent centre the court sits.

Conclusion

Basically, the Baumgarten who designed the Federal Constitutional Court was a strict structuralist. The pavilions are, in principle, little more than "linguistic" elements, which only truly resonate through daily use and repeated interaction. Between them stretches the passageway, as a simple guide for combining the elements. Some may initially be offended by the unfathomable quality of a structure that appears so naked at first sight: its pure cubist forms, its surfaces reduced as if they were there solely to prevent one from discovering the many symbolic allusions embodied in the building, and the surprising diversity of interior rooms and spaces. The seemingly simple lines employed in the

und das wiederholte Zusammenspiel zum klingen kommen. Dazwischen spannt – als simple Kombinationsanleitung der Elemente – der Verbindungsgang. Die Unfassbarkeit dieser auf den ersten Blick so nackten Struktur mag daher zunächst vor den Kopf stoßen – solch reine kubische Formen, solch reduzierte Oberflächen wurden verwendet, als ob man nur nicht so schnell dahinter kommen solle, mit wie vielen symbolischen Anspielungen die Gebäude aufgeladen sind oder welch unerwartete räumliche Vielfalt sie in ihrem Inneren entwickeln. Ein vermeintlich simpler Strich im Entwurf, eine schlichte Querwand in der dreidimensionalen Wirklichkeit genügen, um innerhalb des so rigiden Organismus einprägsame atmosphärische Situationen ganz unterschiedlicher Stimmung zu erzeugen.

Die so entstandene strukturelle Eigenart ist aber auch ein Grund für die Schwierigkeiten, welche die beabsichtigte Erweiterung des Gerichts mit sich bringt. Der dazu durchgeführte Wettbewerb zeigte genau dies: An einen „in sich abgeschlossenen" Organismus kann man schwerlich anbauen, ohne das gewohnte Gleichgewicht – bisweilen empfindlich – zu stören. Schon gar nicht lassen sich die bestehenden Gebäude – außer eventuell durch eine Aufstockung – einfach erweitern. Gerade die typologisch reflektierende Weiterentwicklung des Vorhandenen wird additive Elemente bevorzugen, die als eigenständige Glieder dem Bestand hinzugefügt werden. Das aber braucht Raum und der ist vor Ort knapp, da der Botanische Garten bereits vor etwa 80 Jahren als Kulturdenkmal unter Schutz gestellt wurde und sich bauliche

Der transparente Sitzungssaal – im Hintergrund die Kunsthalle
The transparent courtroom, with the *Kunsthalle* in the background

design, an unadorned crosswall in a three-dimensional reality, suffice to generate, within this rigid organism, memorable atmospheric situations evoking very different moods.

The unique structure that has thus arisen is, however, another reason why the planned extension of the Court is proving so difficult to realise. The architectural competition clearly demonstrated this very fact. It is exceedingly difficult to extend an organism that is "complete in itself" without disturbing – seriously, at times – the equilibrium to which everyone is accustomed. There is no simple way of extending the existing buildings except, perhaps, by adding a storey or two. Any new development that typologically reflects the existing ensemble must favour new elements that are appended to the existing ensemble as independent members. The problem is that this approach requires space, and space is precisely what is lacking; for the Botanical Gardens were listed as a cultural monument more than eighty years ago, thus precluding any architectural intervention in the spatial ensemble. The public was, therefore, all the more alarmed when it saw that the competition winners were encroaching on the lawn nevertheless. The solution that was subsequently found to assuage public indignation will largely spare the Botanical Gardens.[14] The playful coexistence of the free-standing pavilions and the garden "flowing" between them will all suffer equally if the external contour of the ensemble is supplemented at the garden's western corner, for this will create a block-like concentration

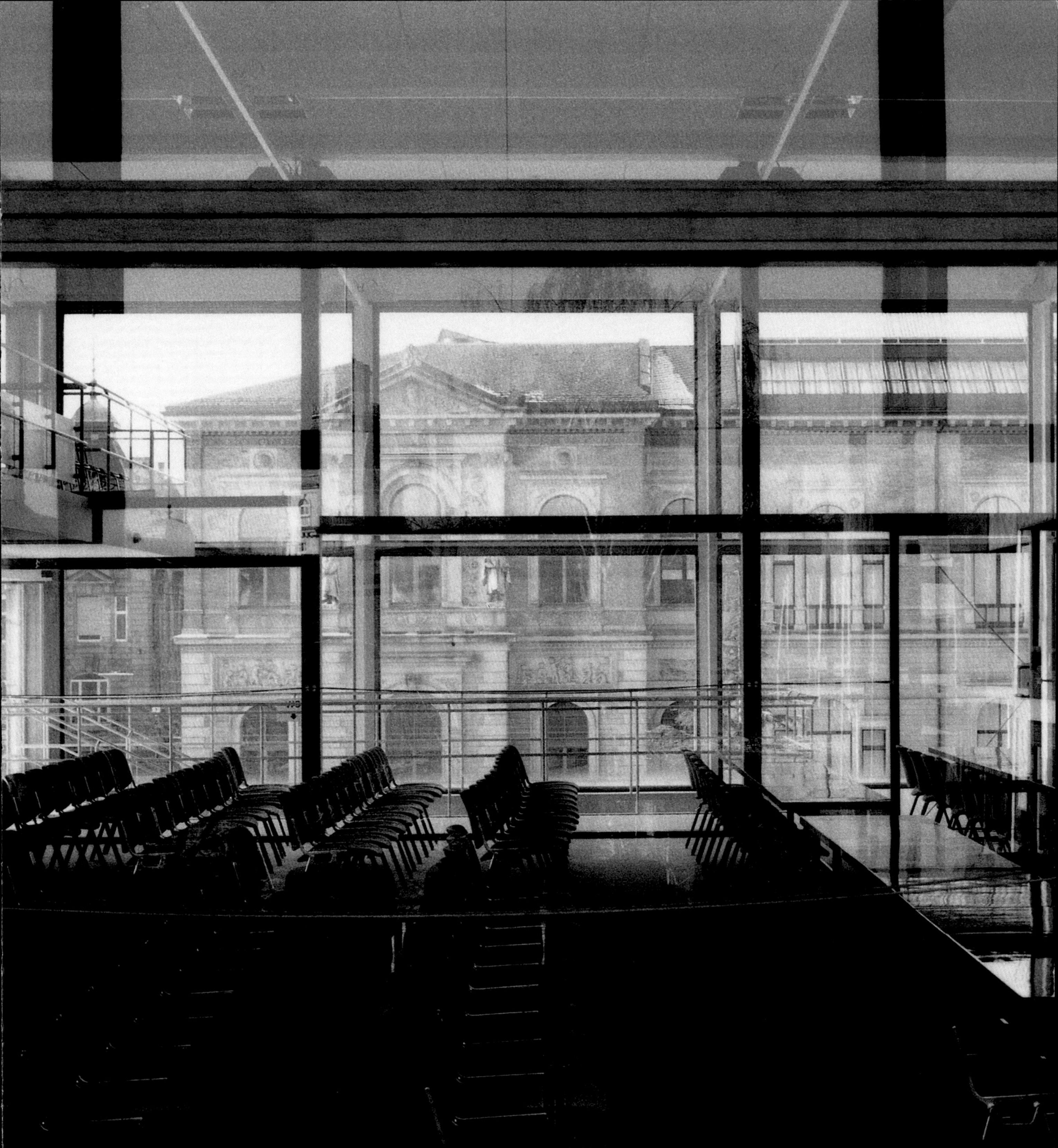

Eingriffe in das räumliche Ensemble daher eigentlich verbieten. Entsprechend groß war die öffentliche Aufregung, als die Wettbewerbsergebnisse dann doch Teile der Rasenfläche in Anspruch nahmen. Die unter dem Druck der Empörung bislang gefundene Kompromisslösung wird den Botanischen Garten in dieser Hinsicht weitgehend schonen.[14] Das spielerische Miteinander der freistehenden Pavillons und des „durchfließenden" Gartenraumes werden jedoch gemeinsam darunter leiden, wenn jetzt die äußere Kontur der Gebäudegruppe an der westlichen Gartenecke „ergänzt" werden soll und dadurch ein blockartiger Zusammenschluss der Pavillons entsteht, der zusätzlich noch von dem soliden Baukörper der Kunsthalle gestisch aufgenommen und unterstützt wird. Indem man die Komposition Baumgartens zwischen „fremden" Gebäudevolumen festzurrt, greift man in ein labiles Gleichgewicht ein, dessen Charme gerade aus der konzeptuellen Ungebundenheit und Unabhängigkeit des Gerichts inmitten der offenen Parklandschaft erwächst. So schwierig die Erweiterung aus denkmalpflegerischen und gestalterischen Gründen daher sein mag: Alle baulichen Veränderungen werden sich um dieses freie, spielerische Miteinander kümmern und sich schließlich daran messen lassen müssen."

Anmerkungen

1 Zunächst wollte das Bundesverfassungsgericht in das wieder aufgebaute barocke Karlsruher Schloss einziehen. Da dieses Vorhaben scheiterte, residierte es bis zur Fertigstellung des Neubaus im Prinz-Max-Palais.

2 Man denke an Giuseppe Terragni, der während der ersten Hälfte der dreißiger Jahre in Como an der Schweizer Grenze eine faschistische Parteizentrale baute, die – so meinte er damals – durchsichtig wie die faschistische Gesellschaft selbst, ein Haus aus Glas sein sollte (Vgl. F. Fonatti, Giuseppe Terragni. Poet des Razionalismo, Wien 1987, S. 44/45). Die Tatsache, dass ähnliche rationale Mittel und Bilder in den Jahren nach dem Krieg für völlig gewandelte Gesellschaftsordnungen stehen können, zeigt wie wenig ausschließlich sie an festgelegte politische Inhalte gebunden sind.

of pavilions which will – to compound matters - be taken up and reinforced by the solid structure of the *Kunsthalle*. Any attempt to constrain Baumgarten's composition between "alien" buildings would involve intervening in that delicate balance whose charm stems from the very independence and autonomy of the Court in an open parkscape. No matter how difficult extending the ensemble might be with regard to both its design and its protection as a monument, any further changes will have to take into account their free, playful coexistence and ultimately be judged thereby.

Notes

1 Initially, the Constitutional Court was to have moved into the reconstructed baroque Karlsruhe *Schloss*. However, when this plan was rejected, the Court was accommodated in the Prinz-Max-Palais until the new building was completed.

2 One need only recall Giuseppe Terragni, who constructed a fascist party headquarters in Como near the Swiss border during the early 1930s. According to Terragni, this building, which had to be a house of glass, was intended to be as transparent as fascist society itself. (See F. Fonatti, *Giuseppe Terragni. Poet des Razionalismo*, Vienna 1987, pp 44–45). The fact that similar rational means and imagery could be used during the post-War years to represent completely different social orders shows how little they are exclusively tied to a specific political content.

3 Information on Baumgarten – the man and his architecture – can be found in the exhibition catalogue *Schriftenreihe der Akademie der Wissenschaften*, Band 19, Berlin 1988.

4 In 1960, on the occasion of the competition to build the new *Badische Staatstheater* on the same location, Baumgarten had already spoken about the impossibility of bowing to the dictates of classicist urban planning. Once the Constitutional Court had taken over the strip of land and a new

3 Angaben zur Person und zu den Bauten Baumgartens können dem Ausstellungskatalog: Paul Baumgarten. Bauten und Projekte 1924-1981. Schriftenreihe der Akademie der Wissenschaften, Band 19, Berlin 1988, entnommen werden.

4 Die Unmöglichkeit, sich der städtebaulichen Ordnung zu fügen, hatte Baumgarten bereits im Jahre 1960 anlässlich des Wettbewerbs zum Neubau des Badischen Staatstheaters am selben Ort ausgesprochen. Nachdem das Bundesverfassungsgericht den Geländestreifen übernommen hatte und an anderem Ort ein neuer Wettbewerb für das Theater ausgeschrieben worden war, wurde Baumgarten direkt der Auftrag zur Planung des Gerichtsgebäudes erteilt. – Vgl. den Beitrag von Michael Wilkens S. 65ff.

5 Die Rahmen sind aus Oregon-Pine-Holz gefertigt. – Für viele wertvolle Informationen zum Gebäude möchte ich an dieser Stelle Herrn Christoph Sennekamp, Wissenschaftlicher Mitarbeiter am Bundesverfassungsgericht, und Herrn Hach aus der Verwaltung des Bundesverfassungsgerichts danken.

6 Nach der Deutschen Wiedervereinigung wurde das Casino zwischen 1995 und 1997 aus Platznot zu einem Verwaltungsgebäude umgebaut. Auch in den Untergeschossen der Bibliothek sind vorläufig Mitarbeiter untergebracht. Aus demselben Grund führt bereits seit 1993 eine unterirdische und nach oben teilweise durch ein gläsernes Satteldach abgeschlossene Verbindung zu Räumen, die im Westflügel des Schlosses angemietet wurden. Seit 2001 wurden zudem Bürocontainer provisorisch unter dem Richtergebäude eingestellt.

7 Gegenwärtig verhindern die temporär untergestellten Bürocontainer natürlich die Durchsicht und die freie Geländebewegung unter dem Richtergebäude.

8 Aus Sicherheitsgründen wurden Vorhänge angebracht, die den transparenten Charakter des Gebäudes empfindlich stören.

9 Werden die überstehenden Balkone abgezogen, dann beträgt das Teilungsverhältnis ungefähr 1 : 2 : 1. Die seitlichen Fensterbänder wurden allerdings verbreitert, um damit die Ecken etwas zu betonen.

10 Das Teilungsverhältnis von unten nach oben beträgt ungefähr 1 : 1 : 2.

11 Im Innern des Plenarsaals hängen Ölgemälde der bisherigen Präsidenten des Bundesverfassungsgerichts.

12 Von Hans Kindermann aus dem Jahre 1969.

13 Zunächst hatte man den Saal mit weißbezogenen Castelli-Stühlen auf rehbraunem Fußboden ausgestattet. Aus Gründen des Verschleißes wurden die Stühle mittlerweile fleischfarben-rosa bezogen, der Teppichboden ist hellbeige.

14 Dazu wurde der zweite Preis des Büros Schrölkamp Architektur aus Berlin überarbeitet.

competition was held for the theatre, Baumgarten was immediately commissioned to plan the court building. – See the contribution by Michael Wilkens p 65ff.

5 The frames are made of Oregan pinewood. – I should like to thank Christoph Sennekamp, member of the research staff at the Federal Constitutional Court, and Mr. Hach in the Court administration for providing me with a wealth of valuable information on the building.

6 Following German unification, a lack of space in the Court led to the canteen being transformed (1995–1997) into an administration building. Staff have been temporarily housed in the basement floors of the library. For this reason, a subterranean corridor, part of which was sealed with a glass saddleback roof, was constructed in 1993 to serve the rooms that are rented in the western wing of the Schloss. Since 2001, office containers have been installed provisionally beneath the Judges' Building.

7 At present, of course, the temporary office containers obscure both the view and the free movement of the terrain beneath the Judges' Building.

8 For security reasons, curtains were added which seriously impair the transparent character of the building.

9 Excluding the projecting balconies, the division ratio is approximately 1 : 2 : 1. The side window strips were, it must be noted, widened to add emphasis to the corners.

10 The division ratio from the bottom to the top is approximately 1 : 1 : 2.

11 Paintings of the former presidents of the Federal Constitutional Court hang in the Plenum.

12 Hans Kindermann, 1969.

13 Initially, the courtroom was furnished with white-covered Castelli chairs standing on a light-reddish brown floor. Owing to wear and tear, these were replaced with flesh-coloured pink chairs; the carpets are light beige.

14 The second prize of the Büro Schrölkamp Architektur from Berlin is being revised with this in mind.

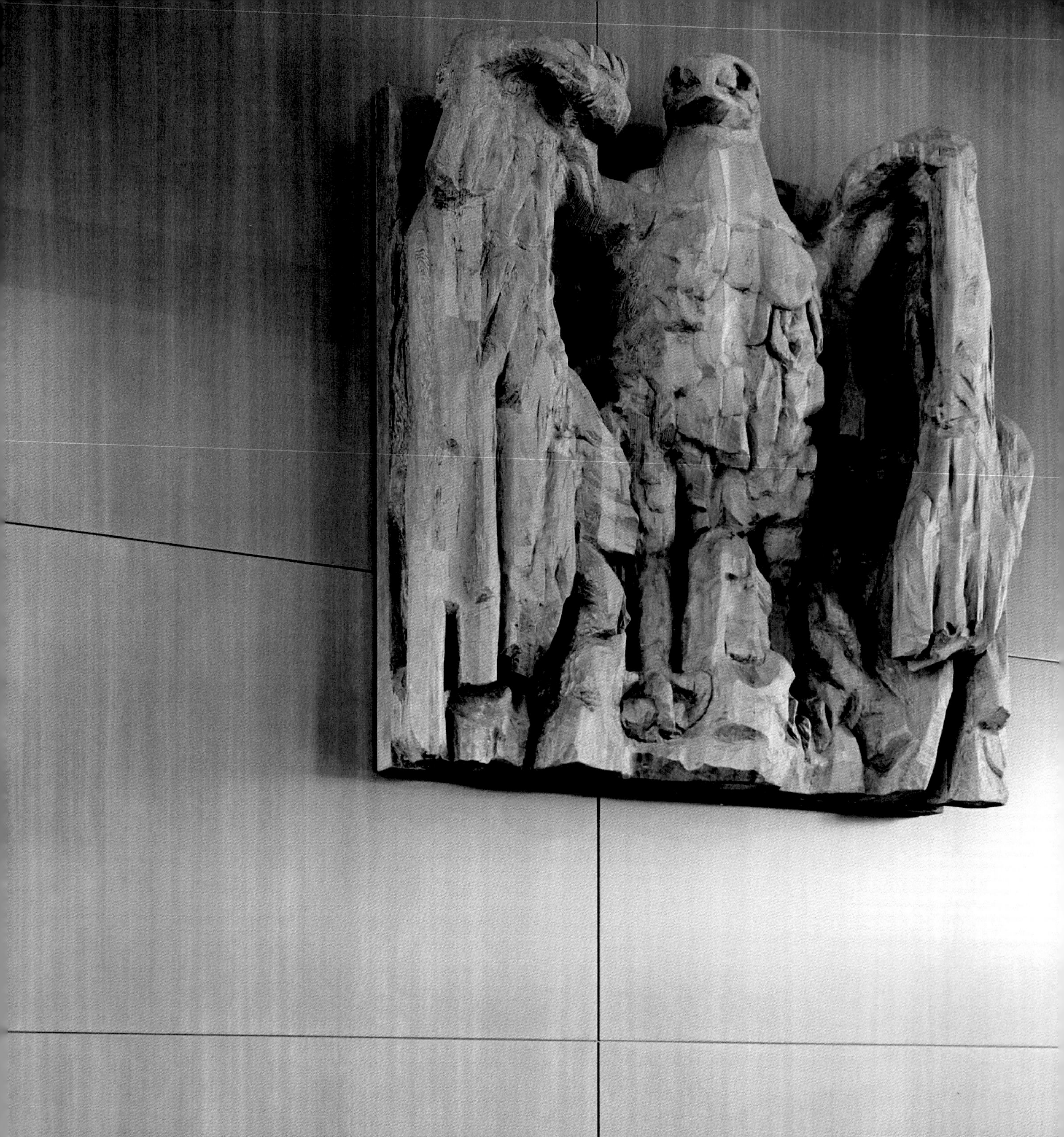

Jutta Limbach

Arbeit im Bundesverfassungsgericht

Das Gericht tagt

Wer das Traumziel einer Juristenkarriere erreicht hat, findet sich im Bundesverfassungsgericht in einem Gebäudeensemble wieder, dessen Außen- wie Innenansicht durch Offenheit und Helligkeit bestechen. Auswärtige Besucher sind allerdings häufig erstaunt, das höchste deutsche Gericht so bescheiden untergebracht zu sehen. Der Schlichtheit des Äußeren entsprechen die Arbeitsräume. Auch wer der Präsidentin oder dem Präsidenten des Gerichts einen Besuch abstattet, braucht keine Abstand und Ehrfurcht gebietende Wege zurückzulegen. Die großzügigen Fenster jedoch, die die Pflanzenwelt des Schlossparks in die Architektur mit einzubeziehen scheinen, machen die schlichten Dienstzimmer des Bundesverfassungsgerichts zu den schönsten Europas. Die durch das Studium von Akten und Büchern ermüdeten Augen erhellen sich, wenn sie eine Auszeit nehmen und der Blick ins Grüne abschweift. Das gilt nicht minder für das durch Streitgespräche strapazierte Gemüt.

Das einzig Wuchtige im Bundesverfassungsgericht ist der aus Holz geschnitzte Adler an der Rückwand des Gerichtssaals. Mit seinen offenen, einem Schutzmantel ähnelnden Schwingen symbolisiert er weniger Herrschaft als Schutz.

Jutta Limbach

Working at the Federal Constitutional Court

The Court is in Session

Anyone who has realised their dream of pursuing a legal career will feel at home in the Federal Constitutional Court. Both inside and out, this ensemble of buildings, which is so open and light, is captivating. Out-of-town visitors are often astonished to find the highest German Court accommodated in such a modest structure. The simplicity of the exterior is reflected in the offices inside. And nobody going to visit the President of the Court need fear having to walk down intimidating, cold corridors. Indeed, the generous windows, which seem to transform the flora of the castle grounds into an integral part of the architecture, make the modest offices of the Federal Constitutional Court some of the finest in Europe. One's eyes, weary from studying files and books, light up when they are allowed to take a break and wander slowly across the greenery outside – a remedy that works equally well after a strenuous debate.

Mit dieser Deutung der Figur wies eine junge Besucherin an einem Tag der Offenen Tür die Frage eines Altergenossen zurück, ob wir – die Richter und Richterin – ein solches Symbol der Staatsmacht wohl nötig hätten.

Der allein durch Adler und Fahne geschmückte Gerichtssaal ist wohl die am häufigsten in der Öffentlichkeit gezeigte Innenansicht des Bundesverfassungsgerichts. Hier werden die Urteile verkündet, die auf Grund einer mündlichen Verhandlung gefällt werden. Hier trifft sich das Gericht mit den Beschwerdeführern, Antragstellern und Antragsgegnern zu einem Rechtsgespräch. Hier werden mit Vertretern und Verfahrensbevollmächtigten des Staates Argumente über die Verfassungsmäßigkeit von Maßnahmen und Rechtsakten ausgetauscht. Mündliche Verhandlungen wollen gut vorbereitet sein und kosten Zeit. Sie finden daher selten statt, obwohl die öffentliche Anhörung ein wichtiges Erkenntnismittel für das Gericht ist.

Die mündliche Verhandlung, vor allem die Anhörung der von einer staatlichen Maßnahme betroffenen Bürger wie auch der theoretische Diskurs mit den Rechtsvertretern, die häufig Staatsrechtslehrer sind, erweitern den Reflektionshorizont der Richter und Richterinnen. Sie sprechen Recht „Im Namen des Volkes". Diese Präambel hat zwar nicht den Sinn, die Richter zum bloßen Sprachrohr des Souveräns, des Volkes zu machen. Der Verweis auf das Volk ermahnt sie aber, nicht ihrem individuellen Richtigkeitsstreben zu folgen. Vielmehr sollen sich die Richter

Dienstzimmer mit Blick auf den Botanischen Garten / View from an office onto the Botanical Gardens

The only monumental object in the Constitutional Court is the wood-carved eagle on the rear wall of the Courtroom. With its wings widely spread, like a kind of a protective mantle, the eagle seems to embody security more than power. On a recent open day, it was precisely with this reading of the eagle that one young visitor dismissively responded to a peer who wanted to know whether we judges really needed such a symbol of state power.

The interior view of the Federal Constitutional Court most familiar to the public is probably the Courtroom, whose sole adornment is the eagle and the flag. It is here that judgements are pronounced following hearings. It is here that the court meets for legal discussions with plaintiffs, petitioners and respondents. And it is here that legal representatives of both private persons and the state debate whether certain measures and legal instruments are constitutional. Hearings not only necessitate good preparation, they are also very time consuming. Consequently, they are a rare occurrence, although public hearings continue to play an important part in the Court's decision-making process.

Hearings, especially those involving citizens affected by state measures, and theoretical debate among legal representatives, who are frequently teachers of constitutional law, broaden the intellectual horizon of the judges, who administer justice "In the name of the people". To be sure, this preamble is not intended to turn judges into mere spokespersons of the people. However, in referring to the people, it does admonish judges not to rely exclusively on their

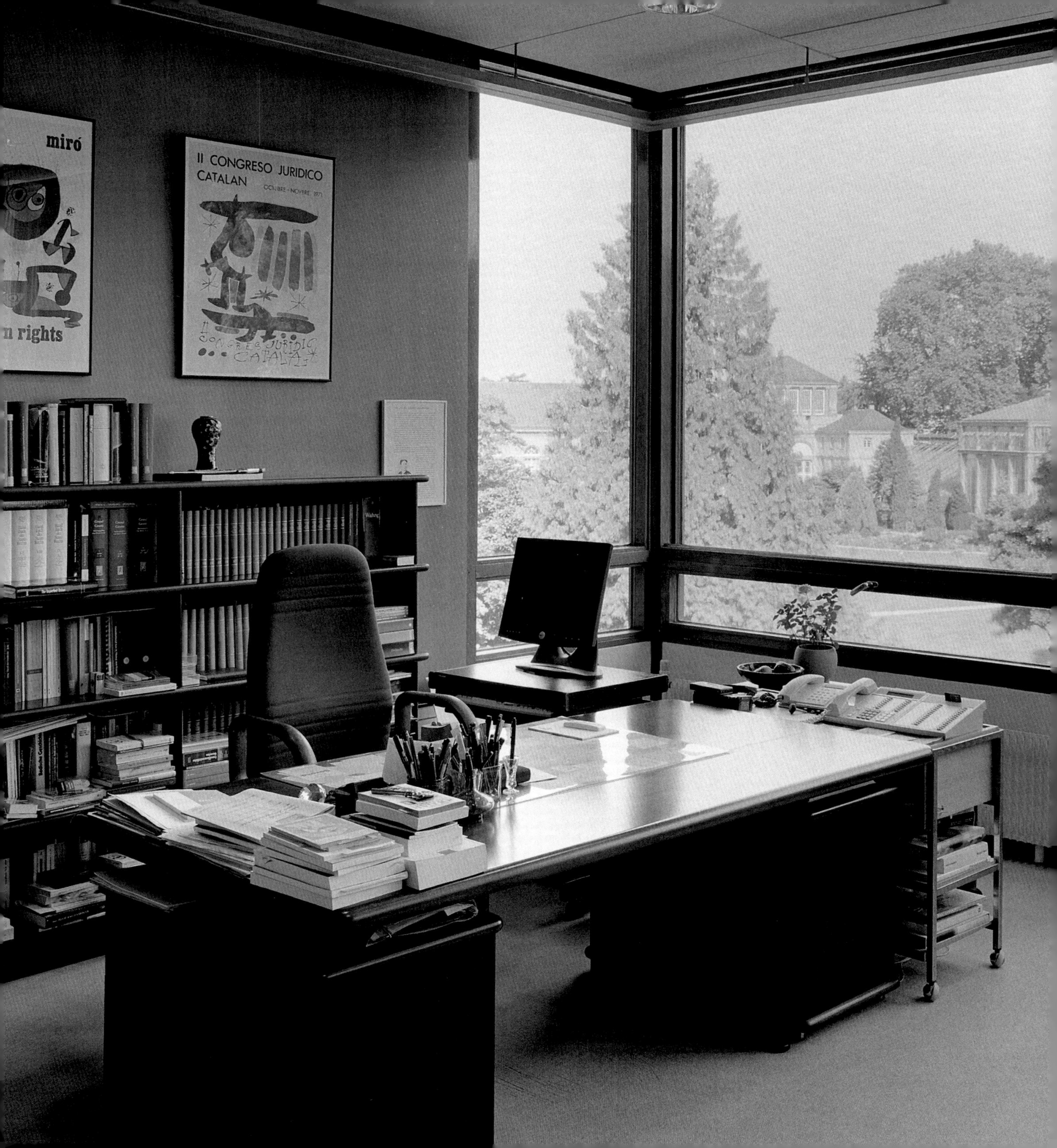
miró
n rights
II CONGRESO JURIDICO
CATALAN

darüber vergewissern, welche Werte in der Bevölkerung gepflegt und von anderen Mitgliedern der Gesellschaft akzeptiert werden.

Die anhaltende Arbeitslast des Gerichts lässt beide Senate das wichtige Instrument der mündlichen Verhandlung leider immer seltener gebrauchen. Dabei bieten gerade die durch die mündliche Verhandlung angeregten Debatten des Für und Wider in den Medien nicht nur wertvolle Anhaltspunkte für die öffentliche Meinung in einer pluralistischen Gesellschaft. Die Aufbereitung des Streitstoffs in den Medien befördert die Information und die widerstreitende Interessen und Ordnungsvorstellungen thematisierende Diskussion und leistet damit einen Beitrag für die verständnisvolle Aufnahme von Entscheidungen. Das gilt vor allem dann, wenn diese nicht alle am Konflikt Beteiligten zufrieden stellen.

Im Gerichtssaal haben seit dem Tage der Eröffnung des neuen Gerichtsgebäudes am 6. Mai 1969 viele mitunter mehrtägige Verhandlungen in wichtigen Verfahren stattgefunden. Es seien nur der wiederholt verhandelte Schwangerschaftskonflikt und Länderfinanzausgleich, der Schnelle Brüter, die Mitbestimmung, die für 1983 geplante Volkszählung, der Maastricht-Vertrag, die Asylnovelle und die Rechtsschreibereform erwähnt, um deutlich zu machen, das den Richtern und Richterinnen kaum ein menschliches, gesellschaftliches oder politisches Problem fremd sein dürfte. In den Entscheidungen des Bundesverfassungsgerichts spiegeln sich die Krisen, Konflikte und Wechselfälle der

individual perception of what is right. Rather, they need to ascertain what values are espoused by ordinary people, and by other members of society.

The Court's constant workload means, unfortunately, that its two "Senates" (panels, or divisions) decreasingly have recourse to the hearing as an instrument of legal procedure. Hearings – by virtue of the lively debates they inspire in the media on the pros and cons of issues – are a valuable means of informing public opinion in a pluralistic society. When they deal with controversial material, the media supply information and foster debates that thematise conflicting interests and conceptions of social order. Communicating court decisions to the general public, and explaining them effectively is particularly important in cases where decisions are made that do not satisfy all those directly involved in a dispute.

Since the new building was opened on 6 May 1969, many hearings (some lasting several days) have been held in the Courtroom in the course of important proceedings. There have been recurrent hearings on a variety of issues, among them abortion-related conflicts, the Law on Fiscal Equalisation among States, the fast-breeder reactor, co-determination, the census planned for 1983, the Maastricht Treaty, the amendment to the law on asylum, and the orthography reform. These examples clearly show that there is hardly one single human, social or political issue with which

bundesrepublikanischen Geschichte wider: die Abkehr vom Nationalsozialismus, der Kalte Krieg, die Wiederbewaffnung, die neue Ostpolitik, der Terrorismus, die Wiedervereinigung, der Beitritt zur Europäischen Wirtschafts- und Währungsunion und die wachsende Multikulturalität der Gesellschaft. So hat sich das Gericht in jüngster Zeit mit dem Schächten eines muslimischen Schlächters und dem „islamischen Kopftuch" einer Lehramtskandidatin beschäftigt.

Eine der dramatischsten Anhörungen dürfte wohl die nächtliche, nur zweieinhalb Stunden dauernde mündliche Verhandlung im Falle des von Terroristen entführten Hanns-Martin Schleyer gewesen sein. Der Sohn des damaligen Arbeitgeberpräsidenten hatte sich in seiner Not an das Bundesverfassungsgericht gewandt, um das Leben seines Vaters zu retten. Schleyer befand sich bereits seit einem Monat in der Geiselhaft der terroristischen Erpresser, die die Freilassung von elf in Haft befindlichen Terroristen der Rote Armee Fraktion verlangten. Die entscheidende Frage war, wie es das Bundesverfassungsgericht in diesem Falle mit der grundrechtlichen Schutzpflicht des Staates für jedes menschliche Leben halten würde, die es mit Bezug auf den Schwangerschaftskonflikt selbst entwickelt hatte. In der menschlich wohl schwierigsten und tragischsten Entscheidung seiner über fünfzigjährigen Rechtsprechung hat es das Gericht abgelehnt, die staatlichen Organe zu verpflichten, die inhaftierten Terroristen entsprechend den Forderungen der Entführer von Schleyer frei zu lassen, um dessen Leben zu retten. Die staatlichen Organe, so das Gericht, müssten in eigener Verantwortung und im Hinblick auf die jeweiligen Umstände des Einzelfalles entscheiden können, wie sie

the judges are not familiar in one way or another. The crises, conflicts and vicissitudes of the history of the Federal Republic of Germany are reflected in the Court's decisions: the break with National Socialism, the Cold War, re-armament, the new *Ostpolitik*, terrorism, German unification, membership of the European Economic and Currency Union, and the increasingly multicultural character of our society. Recently, for instance, the court had to deal with the slaughter of animals by a Muslim butcher and the issue of a trainee teacher wearing an "Islamic headscarf".

One of the most dramatic hearings was probably that held during the night, and lasting a mere two and a half hours, in the case of Hans-Martin Schleyer, who had been kidnapped by terrorists. In his distress, the son of the then president of the German employers' association turned to the Constitutional Court in an endeavour to save his father's life. When the hearing took place, Schleyer had already been held hostage for a month by terrorist blackmailers who were demanding the release of eleven imprisoned terrorists belonging to the Baader-Meinhof group. The decisive question was how, in this case, the Constitutional Court regarded the constitutionally anchored duty of the state to protect human life under all circumstances, a principle the Court itself had developed to deal with conflicts over abortion. In what was probably its most difficult and tragic decision in more than fifty years of administering justice, the Court refused to enjoin the authorities to release the imprisoned terrorists, which Schleyer's kidnappers had demanded as a condition for sparing his life. The organs of

das Leben effektiv schützen. Das Grundgesetz begründe eine Schutzpflicht nicht nur gegenüber dem Einzelnen, sondern auch gegenüber der Gesamtheit aller Bürger. Die staatlichen Behörden dürften nicht kraft Verfassung auf ein bestimmtes Mittel festgelegt werden, weil dann die Reaktion des Staates für Terroristen von vornherein kalkulierbar würde. An der Last dieser Entscheidung, so einer der daran beteiligten Richter, trage er noch heute.

Das Gericht und die Medien

Für das Gericht ist wegen der politischen Dimension seiner Aufgabe der Dialog mit der Wissenschaft gleichermaßen wichtig wie der mit den Medien. Die Rechtsgespräche mit den gelehrten Verfahrensbevollmächtigten während der Anhörung wie die Kritik der Entscheidungen durch die Staatsrechtslehre beschäftigen sich mit der Frage, ob eine vom Gericht geplante oder getroffene Entscheidung in das tradierte Rechtssystem passt, sich mit dem politischen System verträgt und auf die gesellschaftliche Wirklichkeit Bedacht nimmt. Den Richtern und Richterinnen darf das Denken und Handeln der Gesellschaft, in der sie leben, nicht fremd sein. Darum besteht zwischen dem Bundesverfassungsgericht und den Medien ein fruchtbares Wechselverhältnis. Architektonisch wird das deutlich durch die herausgehobene Pressetribüne im Gerichtssaal und durch das Pressezentrum im Gerichtssaal-Gebäude, das die schnelle Verbindung mit der Außenwelt ermöglicht. Der Bericht der Medien über die Anhörung der Betroffenen und ihrer Anwälte wie über das Rechtsgespräch mit den Experten und Verbandsvertretern dient nicht nur der Information der Öffentlichkeit. Die

state, the Court declared, must be able to make decisions on their own responsibility, in consideration of the circumstances surrounding each individual case on how they effectively protected life. The Basic Law, the Court added, established a duty to protect not only the individual, but the citizenry as a whole. According to the Basic Law, state authorities ought not to be bound to a specific instrument as this would enable terrorists to calculate the state's response from the outset. One of the judges responsible for this decision says that he is still haunted by these events today.

The Constitutional Court and the Media

Given the political dimensions of the Court's duties, engaging in dialogue with experts and academics is just as important as dialogue with the media. Legal discussions with learned attorneys at hearings, and criticism of decisions from the standpoint of constitutional-law theory, touch on such questions as whether a decision planned or made by the Court is compatible with the traditional legal system or the prevailing political system, or whether it adequately takes social reality into account. The judges must be able to relate to the way the society in which they live thinks and acts. Hence the value of productive interaction between the Constitutional Court and the media. Two architectural features support this need: the prominent press box in the Courtroom, and the press centre, which is located in the Courtroom building to permit rapid access to the outside world.

Pressearbeit schärft auch deren Sensibilität für den Konfliktstoff und die sich daran knüpfende Verfassungsfrage. Die durch die mündliche Verhandlung ausgelösten Debatten des Für und Wider in den Medien bieten nicht nur wertvolle Anhaltspunkte für die öffentliche Meinung in einer pluralistischen Gesellschaft. Die Aufbereitung des Rechtsstoffs in Presse, Rundfunk und Fernsehen leistet durch das Aufgebot von Rede und Gegenrede zugleich einen Beitrag für eine verständnisvolle Aufnahme jener Entscheidung, die eine Minderheit schützt.

Die Verfassungsgerichtsbarkeit, die über keine Machtmittel für die Durchsetzung seiner Entscheidungen verfügt, ist auf die Wachsamkeit einer gleichermaßen kritischen wie rechtsstaatlich sensiblen Presse dringend angewiesen. Dass es in Zeiten großer Kontroversen über Entscheidungen des Bundesverfassungsgerichts – man denke etwa an den Kruzifixbeschluss – nie zu seiner Demontage gekommen ist, bleibt auch ein Verdienst unerschrockener Journalisten und Journalistinnen, die sich bei aller Kritik immer ein wachsames Auge für die Schutzwürdigkeit und -bedürftigkeit der Institution der Verfassungsgerichtsbarkeit bewahrt haben.

Die Richter unter sich

Der eigentliche Streitplatz im Bundesverfassungsgericht sind die Beratungszimmer der beiden Senate im doppelstöckigen Richtertrakt. Am quadratischen Richtertisch sitzen sich die Acht gegenüber, um im vierzehntägigen Turnus

Media reports on hearings involving concerned parties and their lawyers, or on legal discussions with experts and representatives of associations, do more than just inform. The press can and should sharpen the public's awareness of the causes of disputes and related constitutional issues. Media debates on the pros and cons of matters arising in hearings do more than simply provide valuable sources informing public opinion in a pluralistic society. The way in which legal issues are taken up and debated in the press, the radio and on television also contribute towards the acceptance of decisions intended to protect minorities.

Constitutional jurisdiction, which has no instruments with which to enforce its decisions, is absolutely dependent on the vigilance of press organs that are both critical and aware of the importance of constitutional law. The fact that the Federal Constitutional Court has never been demolished as an institution when great controversy has raged over its decisions – as with the crucifix decision, for example – is to the great credit of intrepid journalists who, all the criticisms levelled at them notwithstanding, have always remained alert and appreciated the value of, and need to protect, the Court.

Judges among Themselves

The real scenes of disputation at the Constitutional Court are the conference rooms of the two Senates in the two-storey judges' wing. The eight judges sit opposite one another, on a fourteen-day rotation, at the square judges' ta-

Verfassungsbeschwerden, Richtervorlagen oder Organstreitigkeiten zu beraten. Die Dauer der jeweiligen Beratung hängt nicht nur von der Vielschichtigkeit des Streitgegenstandes ab, wie das etwa bei dem Problemkomplex der Rentenüberleitung im Gefolge der Wiedervereinigung der Fall war, dessen Beratung Monate gedauert hat. Mehrwöchige und hochstreitige Beratungen spiegeln häufig große gesellschaftliche und politische Kontroversen über einen Streitgegenstand wider. So hat der von beiden Senaten wiederholt behandelte Konflikt um den Schwangerschaftsabbruch zu gleichermaßen zeitraubenden wie heftigen richterlichen Auseinandersetzungen geführt. Hier gilt, was einmal mit Bezug auf vergleichbare Kontroversen in den USA gesagt worden ist: Wenn die Abtreibung auf der Agenda steht, verlassen Vernunft und Konsens Hand in Hand den Raum. Jedenfalls haben die mit diesem Themenkreis verbundenen Verfassungskonflikte die sonst ihres Gleichen suchende Gesprächs- und Streitkultur im Bundesverfassungsgerichts jedes Mal auf eine harte Probe gestellt.

Der Ausschluss der Öffentlichkeit aus dem Beratungszimmer dient der Unabhängigkeit der Richter und Richterinnen. Die über Eck gelegenen Beratungszimmer mit ihrer doppelten Fensterwand sind im besonderen Maße Licht durchflutet und stehen in einem gewissen Widerspruch zur Intimität der richterlichen Entscheidungsfindung. Die Tatsache, dass die Richter und Richterinnen unter Ausschluss der Öffentlichkeit beraten, beschließen und urteilen, hat einen Kritiker zu der Feststellung veranlasst, dass das Bundesverfassungsgericht über die geringste demokratische Aura verfüge.

ble to discuss constitutional complaints, cases stated and actions brought by one public body against another. The duration of each discussion depends on the complexity of the matter in dispute. Deliberations on the transfer of pension claims following German unification, for example, lasted several months. Several weeks of very controversial debates often reflect social and political dissension about a matter in dispute. Hence the conflict over abortion, debated repeatedly in both Senates, generated disputes as heated as they were time-consuming. What has been said elsewhere about comparable controversies in the USA applies here too: when the question of abortion is on the agenda, reason and consensus are the first casualties. Certainly, the constitutional conflicts over this issue have severely strained Germany's culture of open debate, widely regarded as second to none.

The public's exclusion from the conference rooms serve to safeguard the judges' independence. The light-filled corner conference room, with its double window wall, stands in marked contrast to the intimacy of the judicial decision-making process. The fact that the judges debate, make decisions and pass judgements in camera has led some critics to assert that the Constitutional Court does not have the slightest democratic aura.

Paradoxically, though, the fact that – with the occasional exception – the judges settle their conflicts and controversies behind closed doors gives people a special confidence in this authority. The high status thus enjoyed by

Paradoxerweise stiftet diese Tatsache, dass die Richter – von Ausnahmen abgesehen – ihre Kontroversen und Konflikte nicht öffentlich austragen, das besondere Vertrauen in diese Instanz. In der Spitzenstellung des Gerichts auf der Rangliste des Vertrauens in öffentliche Institutionen spiegelt sich der – durchaus fragwürdige – Wunsch nach einer Einrichtung wieder, die mit einer Stimme spricht und über den politischen Parteien steht. Wie dem auch sei, der offene Meinungsaustausch, die Bereitschaft aus der Erfahrung der anderen Kollegen zu lernen und sich von diesen überzeugen zu lassen, gedeihen gewiss besser in der Abgeschiedenheit der Beratungssituation. Selbst wenn sich die einzelnen Richter weder durch Beifall noch Kritik beeinflussen ließen, nährten doch allein solche Versuche der Einflussnahme bereits den Verdacht, dass diese erfolgreich sein und dem Ansehen des Gerichts schaden könnten.

Gewiss ist die Richterschaft des Bundesverfassungsgerichts nicht repräsentativ für die Gesellschaft. Doch wird bei der Suche nach geeigneten Kandidaten stets darauf geachtet, dass unterschiedliche Lebens- und Berufserfahrungen, Standpunkte und Gesellschaftsentwürfe im Richterkollegium vertreten sind. Es ist kein Geheimnis, dass es hinsichtlich der Richterwahl Absprache unter den großen Parteien gibt. Danach schlagen diese jeweils vier Richter eines Senats vor. Allerdings überlässt die jeweilige Regierungspartei den Vorschlag für eines der Richterämter dem kleinen Koalitionspartner. Dieses „Präsentationsrecht" führt nicht notwendig zur Wahl von „strenggläubigen" Parteianhängern. Da die beiden großen Parteien kraft der vorausgesetzten qualifizierten Mehrheit ein Einvernehmen über die Richter-

the Court in relation to other public institutions in the confidence stakes reflects the – perhaps questionable – desire for an institution that speaks with one voice and stands above all political parties. At all events, the free exchange of opinions, a willingness to learn from other colleagues' experiences, and openness to persuasion are all fostered by the private atmosphere of these discussions. Even in cases where individual judges have refused to be influenced by praise or criticism, the very fact that attempts have been made to influence them has been cited as evidence that such attempts have been successful and as proof that they could harm the Court's reputation if left unchecked.

To be sure, the judiciary at the Constitutional Court is not representative of society as a whole. Nevertheless, in the search for suitable candidates, care is always taken to ensure that the judges represent a diversity of experience based on different living conditions and occupations, as well as varying standpoints and conceptions of society. It is no secret that the major parties debate and reach agreement on the choice of judges before proposing four for each Senate. However, the governing party allows its smaller coalition partner to propose a candidate for one of the judicial offices. The "right to present candidates" does not necessarily result in the election of "faithful" party disciples, because the two major parties have to agree on the judges on the basis of a qualified majority. Consequently, orthodox party functionaries have no chance of being selected. Strict beliefs do not form the basis of a desirable work et-

wahl erzielen müssen, haben orthodoxe Parteifunktionäre bei der Kandidatenauslese keine Chance. Strenggläubigkeit ist auch kein empfehlenswertes Arbeitsethos in einem richterlichen Kollegium, in dem es zuzuhören, andere nachdenklich zu machen und mit Argumenten zu überzeugen gilt.

Die Methodologie hat uns gelehrt, dass Menschen und so auch Richter und Richterinnen auf Grund unterschiedlicher Faktoren der Herkunft und der Sozialisation die soziale Wirklichkeit und die Ordnungsaufgabe des Rechts verschieden deuten. Ist der eine kraft seines Problemverständnisses vorzugsweise am sozialen Ausgleich interessiert, sieht die andere das Gemeinwohl besser im Vorrang unternehmerischer Freiheit aufgehoben. Dafür, dass im Bundesverfassungsgericht Leidenschaft mit Augenmaß gepaart wird, sorgen die zentrifugalen Kräfte im Senat. Diese beruhen – wie es der fünfte Präsident des Bundesverfassungsgerichts Wolfgang Zeidler treffend festgestellt hat – auf der Pluralität des Richterkollegiums, den unterschiedlichen Erfahrungshorizonten, Persönlichkeitsstrukturen und Überzeugungsmustern. „Das Nebeneinander so ganz verschiedener Menschen lässt die Reibungsflächen entstehen, die in ihrer Summe die nicht mehr mögliche Kontrolle von außen zu ersetzen geeignet sind." Die Gewaltenteilung, so Zeidler, „spiegelt sich damit wieder in einem Parallelogramm der Kräfte, Kollegialität und Kooperation, Kritik und Konfrontation".

hic for members of the judiciary in a job where the main thing is to listen, to set others thinking, and to persuade them by force of argument.

Methodology has taught us that all people – and judges are no exception here – interpret their social reality and the law's function of maintaining order in the light of their social origins and socialisation. Where one person, by virtue of his or her grasp of problems, will be primarily interested in reconciling social differences, another will see the commonweal as best served by free enterprise. The centrifugal forces in the Senate ensure that passion is coupled with a sense of proportion at the Constitutional Court. As Wolfgang Zeidler, the Court's fifth president, aptly noted, these forces arise from the plurality of the judiciary, and from their different experiences, personality structures and convictions. "The juxtapositioning of such very different people creates sources of friction whose sum total makes them a suitable substitute for absent external checks." According to Zeidler, the separation of powers "is thus reflected in a parallelogram of forces: helpfulness, loyalty, criticism and confrontation."

When arguments between judges become very heated and nerves are frayed, a break is often the only way of soothing pugnacious minds. For one of the disputants, a few puffs on a longed-for cigarette may be enough to do the trick. For others, a walk down the corridor – which is reminiscent of a cloister in some respects – in the judges' wing has

Wenn die Wellen zwischen den sich streitenden Richtern besonders hoch schlagen und die Nerven auf das Äußerste gereizt sind, entkrampft sehr häufig eine Pause die streitbaren Geister. Dem einen helfen dann schon einige Züge aus der entbehrten Zigarette. Und so mancher Weg über den – einem klösterlichen Kreuzgang ähnlichen – Flur im Richtertrakt hat sich als Konsens stiftend erwiesen. Im Zweier- oder Dreiergespräch werden Auswege aus dem Meinungsgegensatz oder „Engführungen" des Lösungswegs ersonnen, die eine festgefahrene Beratung wieder in Gang zu setzen vermögen. Häufig signalisieren dann das Erzählen von Anekdoten und ein befreiendes, Raum übergreifendes Gelächter des Senats, dass wieder einmal eine schwere Etappe genommen worden ist.

Das Plenum

Das Bundesverfassungsgericht ist ein Zwillingsgericht. Es besteht aus zwei Senaten mit je acht Richtern. Jeder Senat repräsentiert im Rahmen seines Aufgabengebiets das Bundesverfassungsgericht. Der Erste Senat entscheidet im Schwerpunkt Streitigkeiten zwischen Bürger und Staat. Der Zweite Senat ist vorzugsweise – wenn auch nicht ausschließlich – für Verfassungskonflikte zwischen staatlichen Organen zuständig. Beide Senate sind unabhängig von einander und können die Rechtsprechung des jeweils anderen nicht überprüfen. Gleichwohl oder gerade deswegen kann es zu unterschiedlichen Auffassungen beider Senate in einer Rechtsfrage kommen. Das ist allerdings nicht erwünscht. Will ein Senat von der Rechtsauffassung des anderen abweichen, so entscheidet die Gesamtheit der 16

been known to produce consensus. Debating in twos and threes, they try to find ways of overcoming conflicts of opinion or of combining their energies to break deadlocks and resume talks. Often, the telling of anecdotes and the liberatory laughter of Senate judges filling the entire room indicate that yet another difficult phase has been surmounted.

The Plenum

The Federal Constitutional Court is a "twin court". In other words, it comprises two Senates with eight judges each. Each Senate represents the Court within a specific field of competence. The First Senate's decisions concentrate on disputes between citizens and the state. The Second Senate deals primarily – but not exclusively – with constitutional conflicts between public bodies. The two Senates are independent of one another and cannot review each other's jurisdiction. Even so, or perhaps for this very reason, the two Senates may come to very different conclusions regarding a particular legal issue. Hardly a desirable situation! In cases where one Senate chooses to deviate from the legal opinion expressed by the other, all sixteen judges decide. This is the hour of the Plenum, on whose walls one can, incidentally, admire paintings of the former presidents and vice-presidents. It is here that the judges meet to arrive at a joint legal position, which is then binding for both Senates. During the past few decades there have been very few cases necessitating a plenary decision.

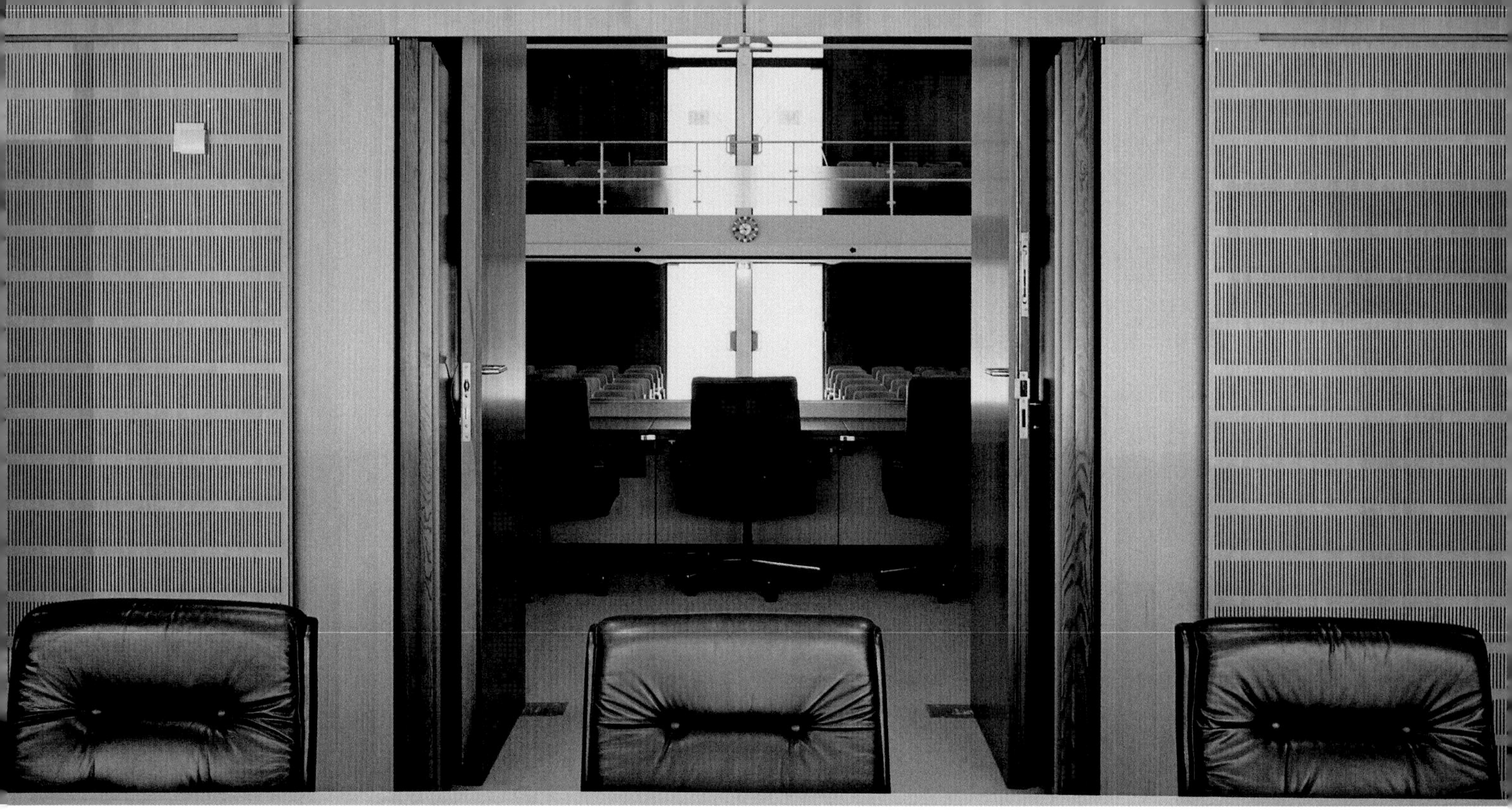

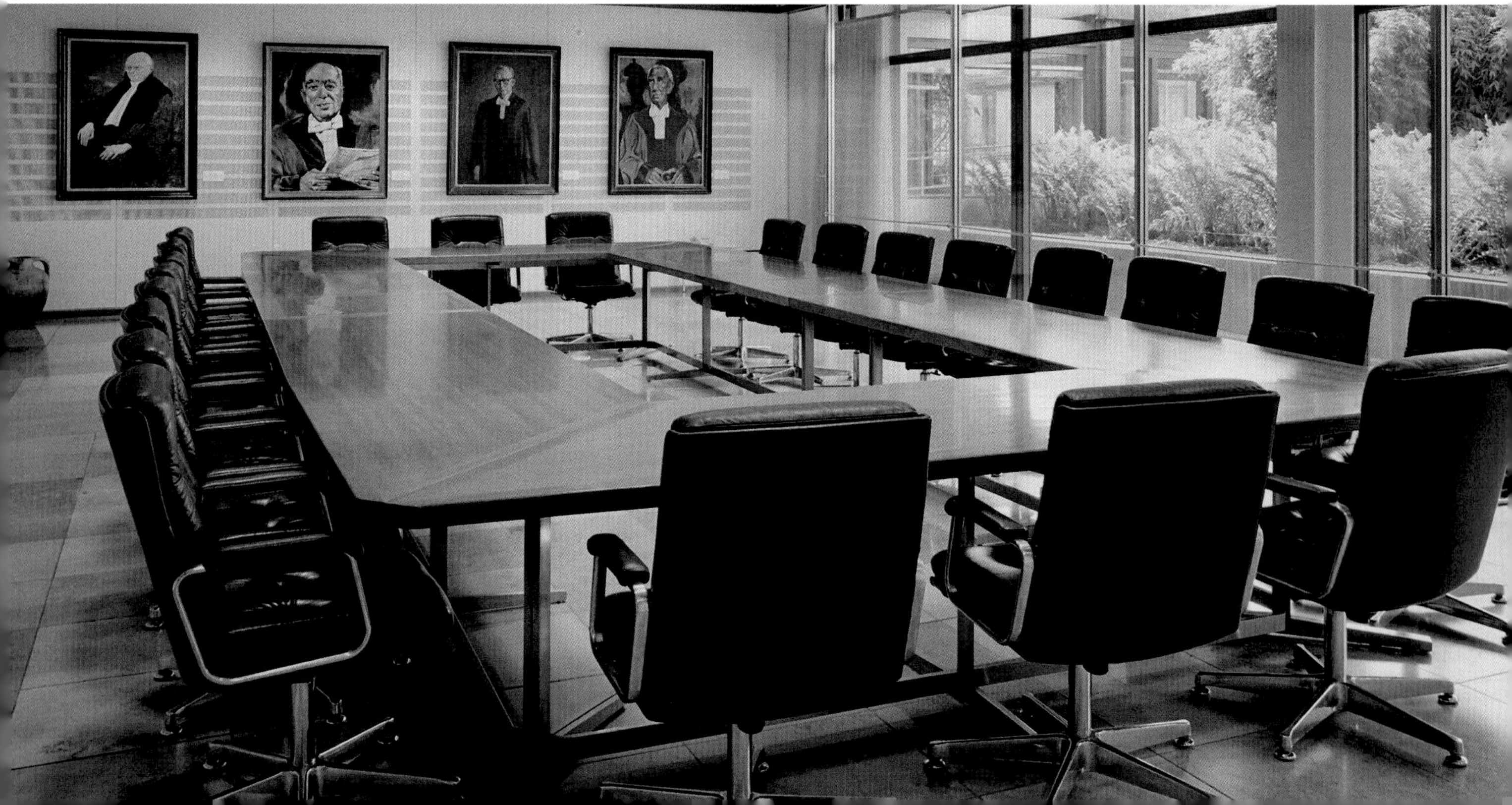

Richter und Richterinnen. Das ist die Stunde des Plenarsaals, an dessen Wänden man übrigens die Gemälde der früheren Präsidenten und Vizepräsidenten bewundern kann. Hier treffen sich die Richter und Richterinnen, um zu einer gemeinsamen Rechtsaufassung zu finden, die dann für beide Senate verbindlich ist. In den zurückliegenden Jahrzehnten hat es in nur sehr wenigen Fällen Anlass für eine Plenarentscheidung gegeben.

Weniger juristische Entscheidungsaufgaben als vielmehr administrative Fragen wie die Geschäftsverteilung, die Entlastung des Gerichts oder die Veröffentlichung der Entscheidungen sind es, die die gesamte Richterschaft immer wieder im Plenarsaal vereinen. Als Beispiel möge die – nicht nur im Bundesverfassungsgericht – heiß diskutierte Frage dienen, ob das Gericht in Karlsruhe bleiben oder einen Standort weiter ostwärts in der Republik suchen solle. Die Mehrheit der Richter und Richterinnen hat sich für das Verbleiben in der Residenz des Rechts entschieden. Macht doch dieser Ehrentitel deutlich, dass der Stadt eine zeitlose Bedeutung als Hort einer rechtsstaatlichen Verfassung zugewachsen ist. Die Redensart vom Gang nach Karlsruhe gehört nicht nur zum rituellen Waffenarsenal der Politik. Auch für die sich gegen staatliche Übergriffe wehrenden Bürger besitzt der Name der Stadt einen Symbolgehalt, der ihm den Schutz seiner Grundrechte verheißt.

Zugleich ist der Plenarsaal Treffpunkt mit den auswärtigen Gästen des Bundesverfassungsgerichts. Das deutsche Grundgesetz hat in vielen und vor allem in osteuropäischen Staaten als Modell gedient. Der Rechtsprechung der vo-

Blick aus dem Beratungszimmer in den Sitzungssaal / The courtroom, as seen from the conference room

Der Plenarsaal mit den Gemälden der früheren Präsidenten und Vizepräsidenten
The Plenum with paintings of the former presidents and vice-presidents

It is in fact less legal decision-making than such administrative tasks as assigning duties, relieving the court or publishing decisions which recurrently bring all of the Court's judges together in the Plenum. The question of whether the Court should remain in Karlsruhe or seek a new location further east, for example, has been the subject of heated disputes – and not only in the Federal Constitutional Court. In the past, a majority of judges has decided in favour of remaining at the "seat of justice". This honorary title suggests that the city of Karlsruhe has become the symbolic stronghold of a constitution based on the rule of law. The German phrase "to take a case to Karlsruhe" is not just a ritual weapon in the politician's rhetorical arsenal, for the city's name has attained a symbolic value for citizens resisting state infringements, holding out the promise that the Court will protect their basic legal rights.

The Plenum is the room where foreign guests to the Federal Constitutional Court are received. Germany's Basic Law has provided a model for many states – especially in Eastern Europe. We owe it to the jurisdiction of past generations of judges that the German model of constitutional jurisdiction became a leading export article following the great political upheavals across the globe. The Court and those who work there are engaged in an exchange of ideas and experiences – which has been intensifying since the 1990s – with all of Europe's constitutional courts. And especially since the Iron Curtain fell, constitutional texts, theories and verdicts have been passing back and forth. They are creatively transformed during this reception process, ensuring that the learning

rausgegangenen Richtergenerationen ist es zu danken, dass sich auch das deutsche Modell der Verfassungsgerichtsbarkeit nach dem weltpolitischen Umbruch als Exportschlager erwiesen hat: Das Gericht und seine Mitglieder stehen in einem – seit den neunziger Jahren stetig zunehmenden – Gedanken- und Erfahrungsaustausch mit allen europäischen Verfassungsgerichten. Insbesondere seit dem Fall des Eisernen Vorhangs „wandern" Verfassungstexte, Theorien und Richtersprüche ein und aus. Sie werden im Verlauf des Rezeptionsprozesses schöpferisch umgestaltet, so dass der Lernprozess durchaus ein wechselseitiger ist. Das Bundesverfassungsgericht ist so weltweit in eine Produktions- und Rezeptionsgemeinschaft eingebunden. Für das Bundesverfassungsgericht sei auf die Ausstrahlungswirkung der Grundrechte, die Prinzipien der praktischen Konkordanz und der Verhältnismäßigkeit sowie auf das Pluralismuskonzept in Rundfunk und Fernsehen hingewiesen.

Die Bibliothek, die Mitarbeiter und Mitarbeiterinnen

Zentraler Ort der Wissbegier ist die Bibliothek des Bundesverfassungsgerichts. Auf Grund seiner einzigartigen Lage ist der Lesesaal ein Gemisch aus Veranda/Treibhaus und Geistesklause. Zwei Untergeschosse mit Magazinräumen versorgen die Richter und Richterinnen nicht nur mit Rechtstexten, sondern auch mit Büchern aus allen angrenzenden Rechtsgebieten. Nicht nur in Bezug auf die Lage ist die Bibliothek des Bundesverfassungsgerichts eine der besten Deutschlands. Obwohl es auch Richterinnen und Richer gibt, die den Gang in die Bibliothek nicht scheuen,

is reciprocal. The Federal Constitutional Court is thus integrated into a global community of giving and taking. Basic rights, the principles of concordance and proportionality as well as the concept of pluralism in radio and television, which are of considerable importance to the Constitutional Court, have had a great influence on other states.

Library and Staff

The Court's Library is a vital centre for all those in search of information. Its unique position makes the reading room a mixture between a veranda/conservatory and an intellectual retreat. Two lower floors containing stackrooms supply the judges not only with legal texts but also with books covering all related areas. The Federal Constitutional Court library is one of the best in Germany, and not only because of its location. Although there are judges who would never hesitate to set off for the library, it is generally the goal of research staff and a few trainees who are fortunate enough to be doing part of their traineeships at the Federal Constitutional Court. The judges would never be able to cope with all their work unless they could each rely on three or four research employees to study files and books in order to prepare reports which help them reach their decisions. Even then, the judges bear the sole responsibility for their decisions. Their staff, who undoubtedly count among the young legal elite of the Federal Republic of Germany, do not participate in the judicial discussions. Many of the present constitutional judges them-

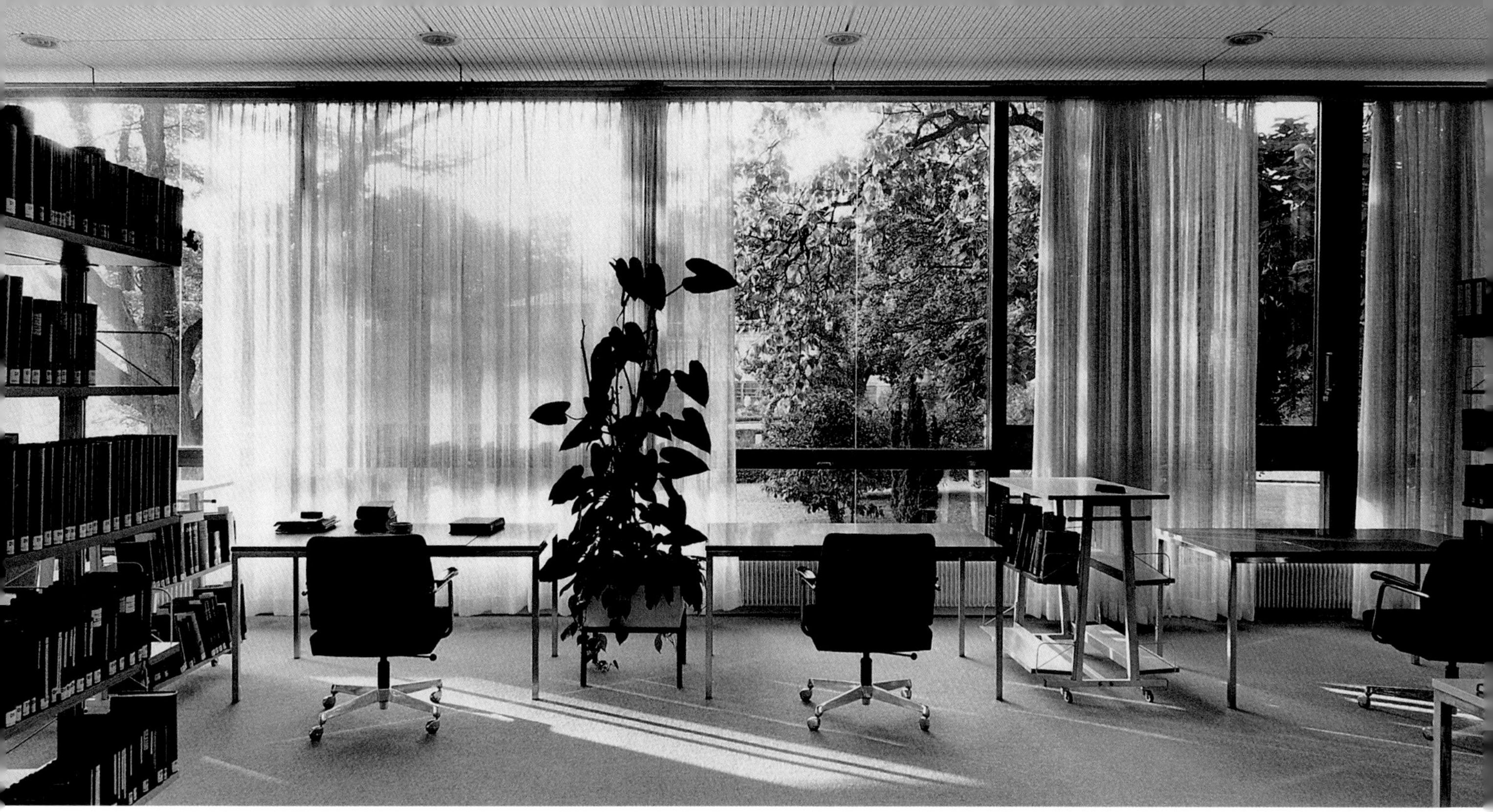

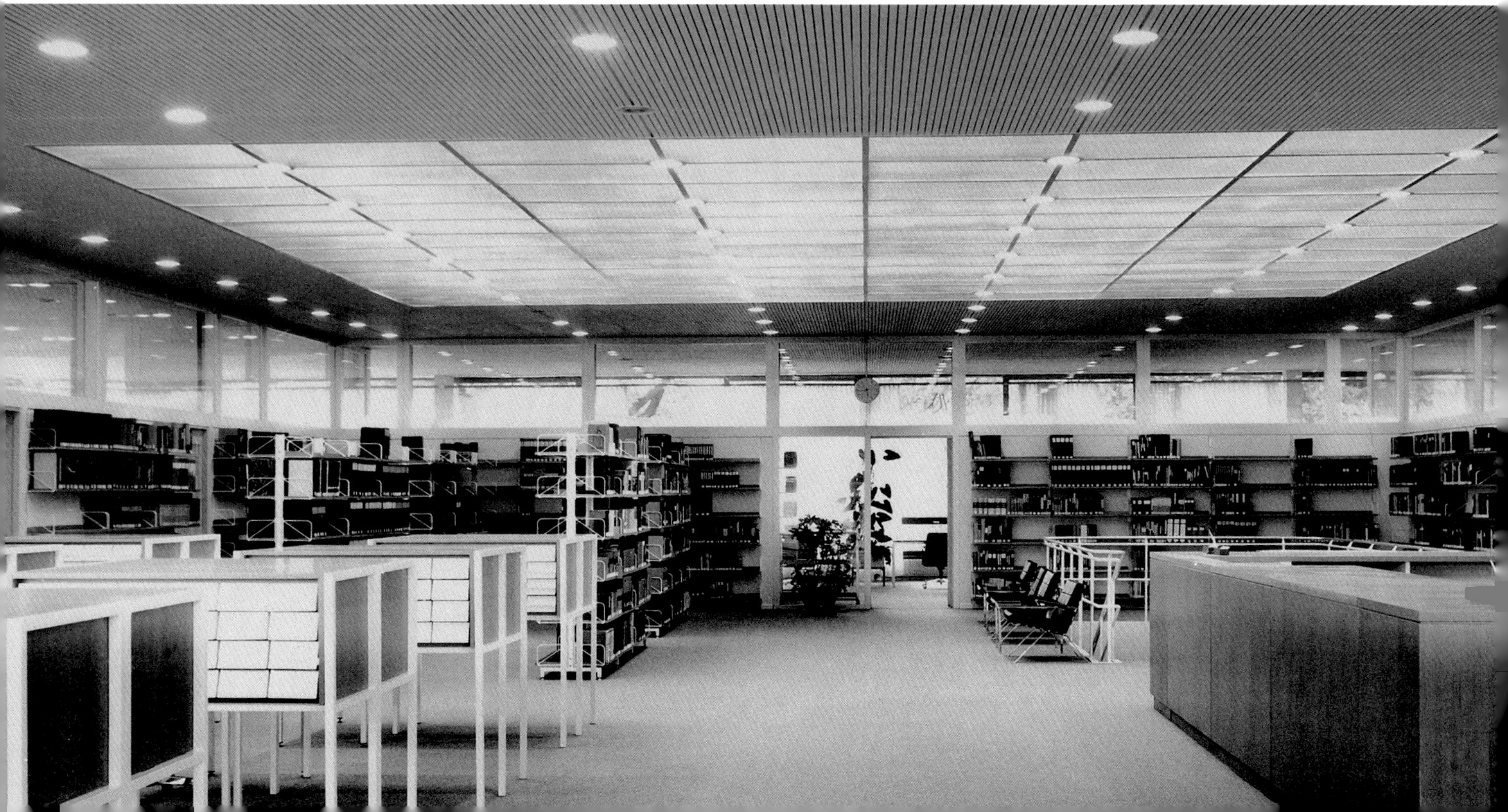

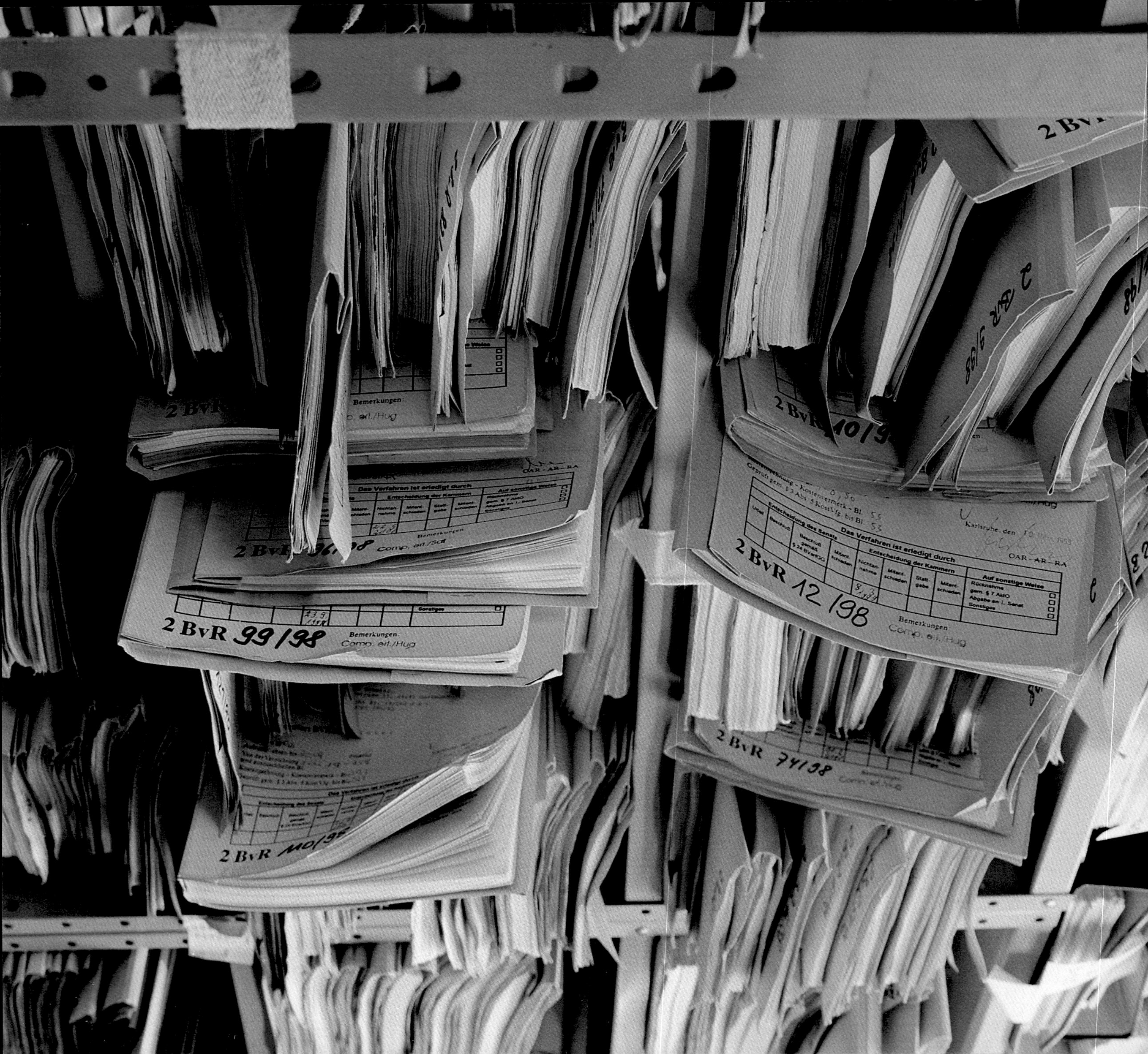
Das Verfahren ist erledigt durch
2 BvR 12/98
Bemerkungen:
2 BvR 99/98
Bemerkungen:
2 BvR 74/98

ist diese zumeist Zielort für wissenschaftliche Mitarbeiter und Mitarbeiterinnen und wenige Referendare, die das Glück haben, eine Station im Bundesverfassungsgericht absolvieren zu dürfen. Die Richter könnten ihre Arbeit nicht meistern, stünden nicht jedem jeweils drei bis vier wissenschaftliche Mitarbeiterinnen zur Seite, die durch ihr Akten- und Bücherstudium und ein darauf fußendes Gutachten die richterliche Entscheidung vorbereiten. Ohne ihre Mitarbeit wäre die Flut der Verfassungsbeschwerden nicht zu bewältigen. Die Richter und Richterinnen verantworten jedoch ihre Entscheidungen allein. An den richterlichen Beratungen nehmen die Mitarbeiter nicht teil. Diese gehören ohne Zweifel zur jungen juristischen Elite der Bundesrepublik. Viele der gegenwärtig tätigen Verfassungsrichter und -richterinnen waren in ihren jungen Jahren selbst einmal als wissenschaftliche Mitarbeiter im Bundesverfassungsgericht tätig. Auch trifft man sie in anderen Spitzenämtern unserer Republik wieder.

Die Arbeitslast des Bürgergerichts

Den Königsweg zum Bundesverfassungsgericht eröffnet die Verfassungsbeschwerde. Die Erfahrungen der Rechtlosigkeit im Nationalsozialismus waren Anlass, die Grundrechte als einklagbare Rechtstitel zu formulieren. Mit dem Rechtsbehelf der Verfassungsbeschwerde kann jedermann und jede Frau bei dem Bundesverfassungsgericht Schutz suchen, wenn sie ihre Grundrechte durch Akte staatlicher Gewalt verletzt glauben. Die Verfassungsbeschwerde hat die Bürger und Bürgerinnen zu Wächtern des Grundgesetzes bestellt. Ihrer Aufmerksamkeit, ihrem

selves once worked as research staff at the Court during their younger years. And one encounters them again in other leading positions in our republic.

The Workload of the “Citizens’ Court”

The constitutional complaint is the royal road to the Federal Constitutional Court. It was the experience of the lawlessness of the Nazi period which led people to formulate constitutional rights as enforceable legal titles. With the legal remedy of the constitutional complaint each and every citizen can seek the protection of the Court if they believe that their constitutional rights have been infringed by acts of state power. The constitutional complaint makes every citizen a guardian of the basic law. We owe it to our citizens’ attentiveness, their sense of justice and spirit of protest that the Federal Constitutional Court is able to function as a guardian of our constitutional rights. The constitutional complaint is a very popular legal remedy. Although it has a very low success rate (around 2.7%) one should not, however, underestimate its importance because of the signal example the judges’ decisions set with regard to the future behaviour of the authorities. Jurisdiction on constitutional rights has not only lent concrete form to the Basic Law and anchored it firmly in our polity, but also created an awareness among the public that they are not defenceless against actions of the state. Last, but not least, the Court’s decisions have made both public agents and citizens aware that the catalogue of the Basic Law is directly applicable law.

Rechtssinn und ihrem Widerspruchsgeist ist es zu verdanken, dass das Bundesverfassungsgericht als Hüter der Grundrechte tätig werden kann. Die Verfassungsbeschwerde ist ein Rechtsbehelf von außerordentlicher Popularität. Die Erfolgsquote ist zwar gering und beträgt rund 2,7 Prozent. Doch trotzdem darf man die Verfassungsbeschwerde wegen der beispielgebenden Wirkung der Richtersprüche für das künftige Verhalten der staatlichen Gewalten nicht gering schätzen. Die Rechtsprechung zu den Grundrechten hat nicht nur bewirkt, dass das Grundgesetz konkrete Gestalt gewonnen und in unserem politischen Gemeinwesen Wurzeln geschlagen hat. Sie hat darüber hinaus ein Bewusstsein der Bevölkerung dafür geschaffen, dass sie staatlichen Maßnahmen nicht wehrlos ausgesetzt ist. Die Entscheidungen haben nicht zuletzt den Sinn sowohl der öffentlichen Akteure als auch der Bürgerinnen und Bürger dafür geschärft, dass der Katalog der Grundrechte unmittelbar geltendes Recht darstellt.

Die Kehrseite der Popularität der Verfassungsbeschwerde ist ihre das Gericht überfordernde Vielzahl. Regale und Schreibtische voller berstender Aktenberge sind eine vertraute Innenansicht der Büros. Diese lassen den Beamten der Geschäftsstellen, den Rechtspflegerinnen und den Amtsboten nur wenig Zeit für Ausblicke in die schöne Umgebung des Schlossbezirks. Sie alle helfen den Richtern dabei, die Spreu vom Weizen zu sondern. Diese Überlast hat von Anfang an den Siegeszug der Verfassungsbeschwerde begleitet. Immer wieder sind in der Rechtspolitik Vorschlä-

The popularity of the constitutional complaint does have its negative side, namely the vast number of complaints which exceed the Court's capacity to handle them. Shelves and desks full of bulging mountains of files are a familiar sight in the offices. All this work leaves the court office clerks, administration and legal staff, and office messengers too little time to enjoy the beautiful view of the castle district. All these people are there to help the judges separate the wheat from the chaff. From the very beginning, this excessive workload has gone hand in hand with the triumphal advance of the constitutional complaint. Time and time again, proposals have been made for changing judicial policy so as to remedy this situation. However, there has never been any question of abolishing the constitutional complaint. Citizens have internalised the phrase, "to take a case to Karlsruhe" to such a degree that our system of legal protection is now inconceivable without this recourse. And it surely should not be endangered simply because some citizens wrongly regard the Federal Constitutional Court as the complaints box of the nation. Speaking in this context, Gebhard Müller, the third president of the Court, once aptly said that he would rather have a thousand constitutional complaints of which only one had any substance to it than a thousand complaints that were not filed at Karlsruhe.

In more than fifty years of administering justice, the Court has broken with many authoritarian state practices and given new shape to the principles of democracy and the constitutional state. Has the democratic aura of the building,

ge diskutiert worden, wie hier Abhilfe geschafft werden kann. Ein Abschied von der Verfassungsbeschwerde ist allerdings niemals in Betracht gezogen worden. Die Bürger und Bürgerinnen haben „den Gang nach Karlsruhe" so sehr verinnerlicht, dass die Verfassungsbeschwerde aus unserem Rechtsschutzsystem nicht mehr hinweg zu denken ist. Dem darf der Umstand keinen Abbruch tun, dass mancher Bürger das Bundesverfassungsgericht als Kummerkasten der Nation missversteht. Gebhard Müller, der dritte Präsident des Bundesverfassungsgerichts, hat hierzu treffend gesagt, dass ihm 1.000 Verfassungsbeschwerden, von denen nur eine Substanz hat, lieber sind, als 1.000 Beschwerden, die nicht in Karlsruhe eingelegt werden.

Mit der Verfassungsbeschwerde hat das Gericht in seiner über fünfzigjährigen Rechtsprechung viele obrigkeitsstaatliche Traditionen aufgebrochen und dem Prinzipien der Demokratie und des Rechtsstaats Konturen verschafft. Hat sich die demokratische Aura des Gebäudes mit seinen den freien Ausblick gestattenden Glaswänden und mit den Durchblick durch die Gesamtanlage gestattenden offenen Treppen in den Erkenntnissen seiner Bewohner niedergeschlagen? Zu denken ist an die Rechtsprechung zur Meinungs- und Pressefreiheit, die für eine freiheitlich-demokratische Staatsordnung schlechthin konstituierend sind. Zu erwähnen ist auch die Rechtsprechung zur Gleichheit von Frau und Mann sowie zum rechtlichen Gehör und zum fairen Verfahren. Auch sei das von dem Bundesverfassungsgericht entwickelte Recht auf informationelle Selbstbestimmung nicht vergessen. Auch bei diesem geht es um die staatsbürgerlichen Freiheitsrechte.

whose glass walls offer such an excellent vista, and whose unenclosed staircases provide a view across the entire interior, become rooted in the consciousness of its occupants? Worth recalling in this context are the judges' decisions on free speech and the freedom of the press, which are fundamental to the constitution of a free democratic state. Worth mentioning, too, are their decisions on equality between the sexes, on hearings being held in accordance with the law, and on fair proceedings. Nor should we forget the right, developed by the Federal Constitutional Court, to informational self-determination (data protection). Here, too, we are dealing with the civil rights of individuals.

The responsible adult citizen must be in a position to know who knows what about him, as well as when and under which circumstances. Anyone who is uncertain about whether forms of behaviour deviating from the norm are being continually recorded and permanently stored, as well as used or passed on as information will try to remain inconspicuous by not behaving in such ways. Anyone who expects that his or her participation in a meeting or citizen's initiative will be recorded by the authorities, or that such behaviour could entail risks might decide to stop exercising their civil rights. The Court has concluded that such developments diminish not only the individual's opportunities to develop his/her personality to the full, but also those of the community as a whole. For self-determination is the elementary precondition for the functioning of a free, democratic community that is dependent on its citizens' willingness to participate in thought as well as in deed.

Der mündige Bürger muss wissen können, wer was wann und bei welcher Gelegenheit über ihn weiß. Wer unsicher ist, ob abweichende Verhaltensweisen jederzeit notiert und als Information dauerhaft gespeichert, verwendet oder weitergegeben werden, wird versuchen, nicht durch solche Verhaltensweisen aufzufallen. Wer damit rechnet, dass etwa die Teilnahme an einer Versammlung oder einer Bürgerinitiative behördlich registriert wird und dass ihm dadurch Risiken entstehen können, wird möglicherweise auf eine Ausübung seiner entsprechenden staatsbürgerlichen Freiheitsrechte verzichten. Dies würde, so folgert das Gericht, nicht nur die Entfaltungschancen des Einzelnen beeinträchtigen, sondern auch das Gemeinwohl; denn Selbstbestimmung ist die elementare Funktionsbedingung eines freiheitlichen demokratischen Gemeinwesens, das auf die Bereitschaft seiner Bürger, mitzudenken und mitzuwirken, angewiesen ist.

Das Bundesverfassungsgericht hat durch diese Rechtsprechung mit dazu beigetragen, dass sich in der Bundesrepublik ein Wandel von der Untertanen- zur Staatsbürgerkultur vollzogen hat. Die sich allmählich einstellende Zufriedenheit mit dem demokratischen System ist auch ein Verdienst des Bundesverfassungsgerichts, dem es gelungen ist, das Grundgesetz mit Leben zu füllen und in der Staats- und Rechtspraxis der Bundesrepublik zu verankern. Es waren, so treffend Rolf Lamprecht, Generationen von Verfassungsrichtern und -richterinnen, „die – von Bürgern angerufen und von deren Sympathie getragen – wesentliche Kapitel der Erfolgsgeschichte der Bundesrepublik mitgeschrieben haben".

By arriving at this decision, the Constitutional Court has helped the Federal Republic of Germany to evolve from a society of subservient subjects to one of actively participating citizens. The present satisfaction with our democratic system has been a gradual development. That we have come thus far is also to the credit of the Constitutional Court, which has succeeded in injecting life into the Basic Law and anchoring it in the state and judicial practice of the Federal Republic. As Rolf Lamprecht has so aptly put it, generations of constitutional judges, "borne by citizens who have had recourse to the Court and by their sympathies, have helped write vital chapters in the success story of the Federal Republic of Germany".

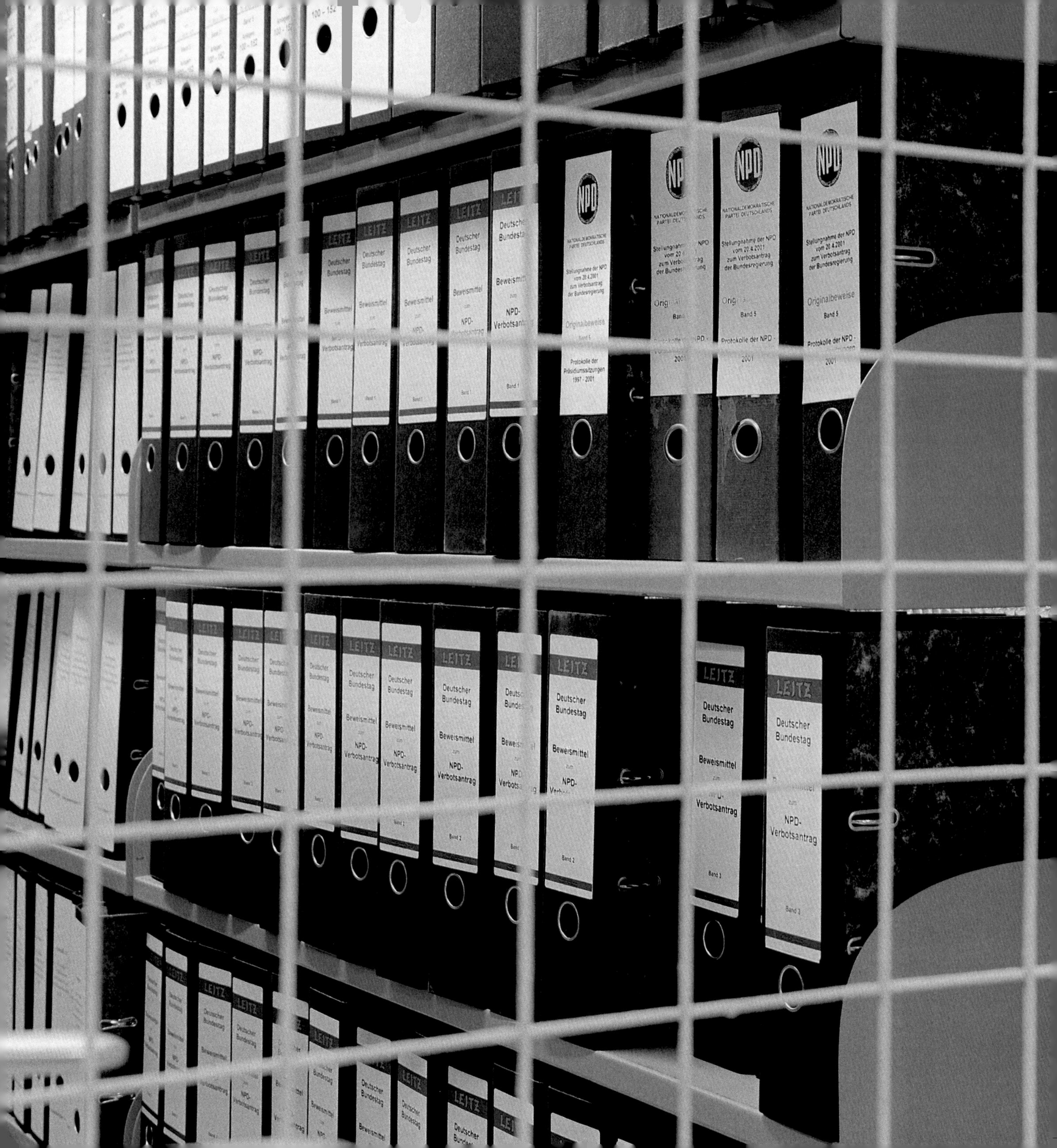
NPD
NATIONALDEMOKRATISCHE PARTEI DEUTSCHLANDS
Stellungnahme der NPD vom 20.4.2001 zum Verbotsantrag der Bundesregierung
Originalbeweise
Band 5
Protokolle der Präsidiumssitzungen 1997 - 2001
LEITZ
Deutscher Bundestag
Beweismittel zum NPD-Verbotsantrag
Band 1
Band 2
Band 3

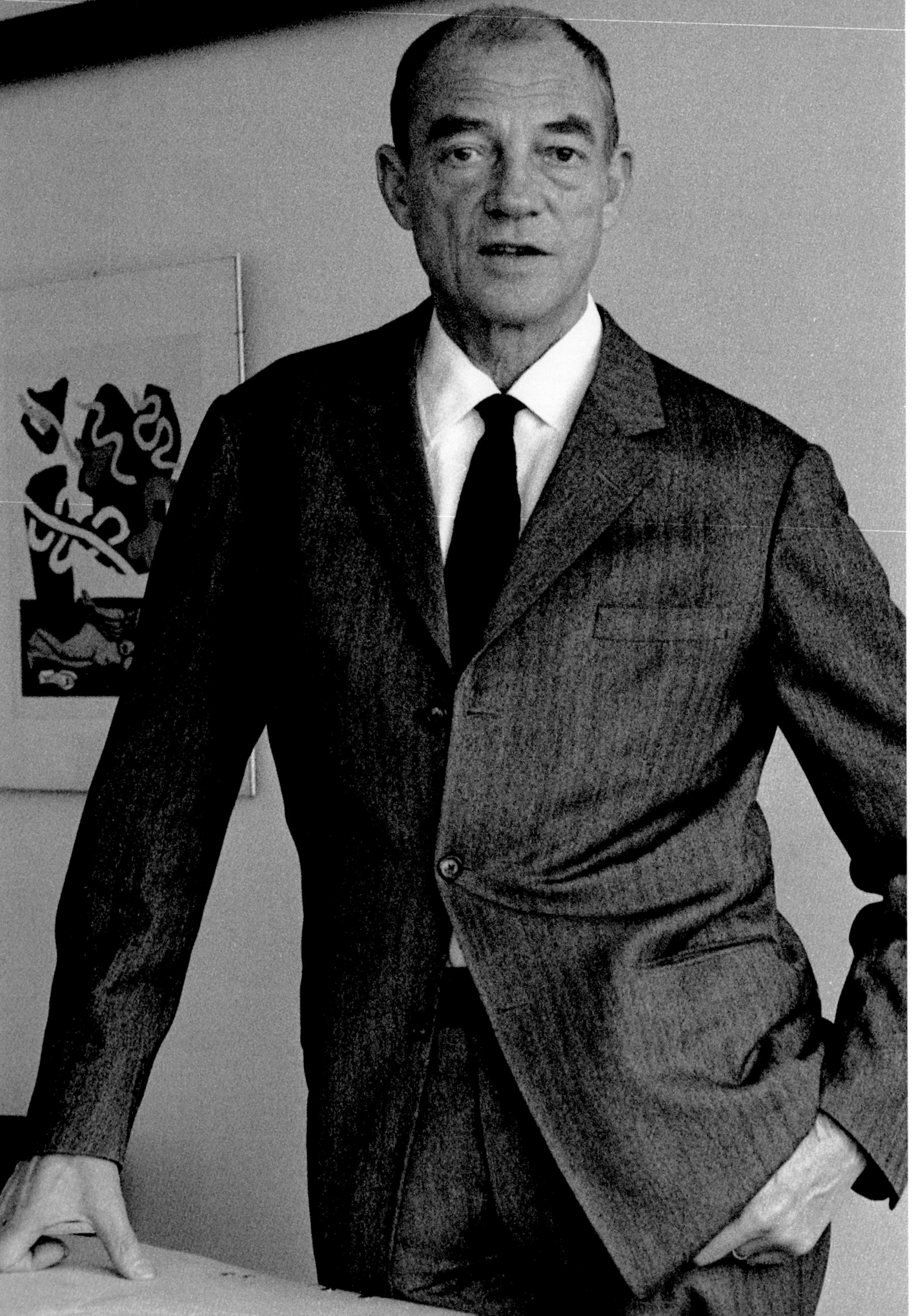

Michael Wilkens

Erinnerungen an den Architekten Paul Baumgarten

Gekürzte Fassung eines Beitrags aus: Paul Baumgarten – Bauten und Projekte 1924-1981, Berlin 1988

Das erste, was ich von Baumgartens Architektur kennen lernte, war eine Veröffentlichung über das Eternit-Gästehaus im Grunewald. Eine leichte Treppe aus Stahl, Glas und Eternitstufen, darüber ein in die Deckenschalung integriertes Oberlicht, draußen eine Fassadenverkleidung aus Welleternitplatten. Das hatte etwas von meiner in damaligen Diskussionen viel zitierten „hässlichen Ente"! Ihr gegenüber hatten die Bauten und Entwürfe der „Eiermänner" eher was mit einem Mercedes zu tun: Der Stahl war immer dunkel anthrazit-grau gestrichen, dazu Vertäfelungen in gedämpfter Buche, Beschläge und Bolzen aus gedrehtem Edelstahl: das entwickelte doch alles eine sehr gediegene, wenn nicht pompöse Eleganz. Hier bei Baumgarten war der Stahl weiß, alles war sehr knapp und leicht dimensioniert, die verschiedensten Baustoffe eng verbunden und nicht „nach Gewerken getrennt". Und die mit Welltafeln verkleideten Wände erinnerten sogar sehr direkt an die "Wellblech-Ente" von Citroen. Ich war regelrecht erleichtert. Endlich hatte ich etwas, auf das ich mich beziehen konnte. Hier, seht Ihr, so meine ich das!

Michael Wilkens

Recollections of Paul Baumgarten, Architect

Abridged version of a contribution from: Paul Baumgarten – Bauten und Projekte 1924–1981, Berlin 1988

I first became acquainted with Baumgarten's architecture through a publication on his Eternit Guesthouse in Grunewald. The building had a lightweight staircase composed of steel and glass, with Eternit steps and, up above, a skylight integrated into the ceiling boarding. On the exterior it had a façade clad with Eternit corrugated sheets. The design had something of the "ugly duckling" about it – a phrase that frequently cropped up in discussions at the time. By comparison, the buildings and designs produced by Eiermann's office were more like Mercedes: the steel was always lacquered a dark anthracite grey, with subdued beech panelling, whilst the fittings and bolts were of turned stainless steel. All together this made for a very distinguished if not pompously elegant design. Baumgarten's steel was white, everything was light in weight and of minimum dimension; the various building materials were attuned to one another and not separated "according to trades". And the walls, which were clad with corrugated boarding, even bore a distinct resemblance to the "corrugated" Citroën. I felt an immense sense of relief. I had finally found something I could relate to. Look, this is what I mean.

Wenig später gab es dann den Internationalen Wettbewerb um das neue Karlsruher Theater am Schlossplatz, bei dem sich alles beteiligte, was Rang und Namen hatte. Erster Preis: Paul Baumgarten, Berlin. Das war natürlich auch für seinen einzigen „Fan“ in Karlsruhe eine Bestätigung. Hatte ich's nicht gesagt? Fasziniert studierte ich die Pläne in der Wettbewerbsausstellung. Der Bauplatz lag neben der symmetrischen Schlossanlage direkt am aufgefächerten Schlossplatz. Jede Architektur an dieser Stelle musste entweder sich der barocken Ordnung einfügen und dann sich ihrem Absolutismus unterwerfen oder aber das ganze historische Ensemble empfindlich stören. Es war völlig klar, warum Baumgarten gewonnen hatte: Der hatte einfach keine Architektur gemacht. Sein Theater gehörte eher in die Kategorie „Fliegende Bauten“. Der Grundriss hatte die Kontur einer Wolke und die Fassaden waren aus Blech! Und was am meisten überraschte, war, dass die äußere Kontur der Vielecke sich im Innern nicht fortsetzte. Im Innern gab es eine ganz andere, rechtwinklige Substanz, die sich von außen her nur in einer im Bühnenbereich aufgesetzten, nach einer Seite ansteigenden Dachfigur zeigte. Jedenfalls war die vieleckige Hülle nicht das Resultat einer vieleckigen inneren Struktur, was sie zu einem kristallinen Gebilde verfestigt hätte. Sie war ganz konsequent nichts weiter als eine sehr labile Schale, ein flexibler Paravent, dessen Grundform nur ganz zufällig ist.

Shortly afterwards, an international competition was held to find a design for the new theatre at *Schlossplatz* (the palace square) in Karlsruhe. Everybody who was anybody entered the competition. The first prize went to Paul Baumgarten in Berlin. That, of course, really confirmed my feelings (as Baumgarten's only “fan” in Karlsruhe) about his work. Hadn't I told everyone how good he was? I studied the plans with fascination at the exhibition of competition entries. The building site was located by the symmetrical palace grounds right next to the neatly laid out *Schlossplatz*. Any work of architecture standing at the square would either have to follow the Baroque order and bow to its absolutist principles or risk seriously disturbing the coherence of the historical ensemble. It was obvious why Baumgarten had won the prize. He had not created a work of architecture. His theatre was more of a “flying building”. The ground plan was cloud-shaped and its façades were made of sheet metal! The most surprising feature, however, was the fact that the external contours, in the form of a polygon were not echoed within the interior where, in marked contrast to the exterior, Baumgarten had chosen a rectangular design. Viewed from the outside, the geometry of the interior was discernible only in the form of the roof as it rises on one side above the stage area. At any rate, the polygonal envelope was not the product of a polygonal interior structure, which would have accentuated the crystalline structure. It was simply a very delicate shell, a flexible screen, whose basic form was, in fact, completely coincidental.

Theaterentwurf Paul Baumgartens
Design of the theatre by Paul Baumgarten

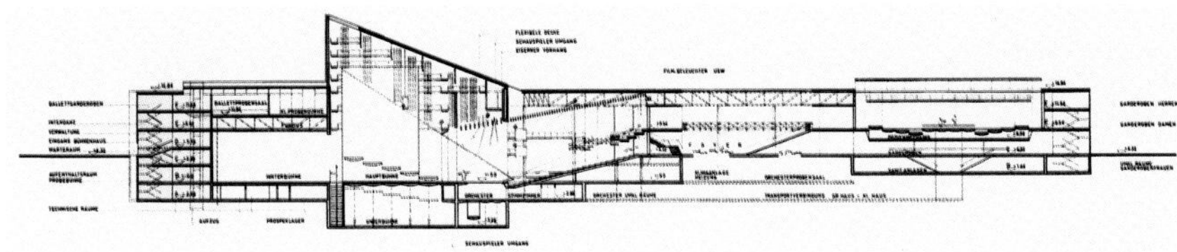

Schnitt
Section

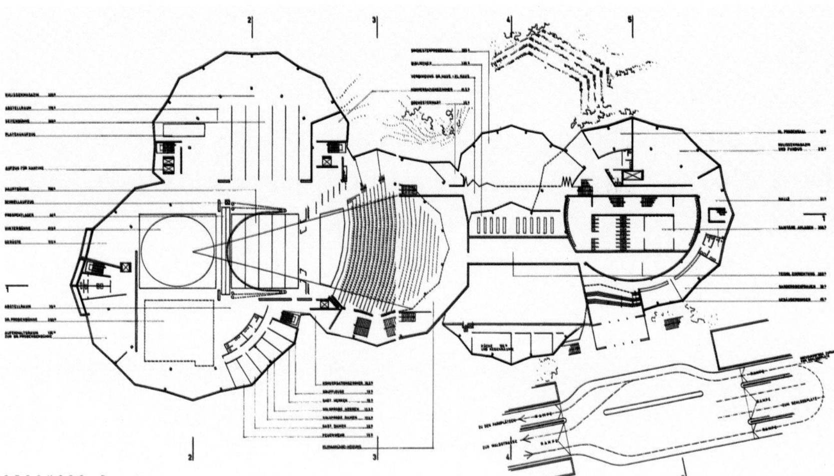

Grundriss der Saalebene des großen Hauses
Floor plan of the main hall

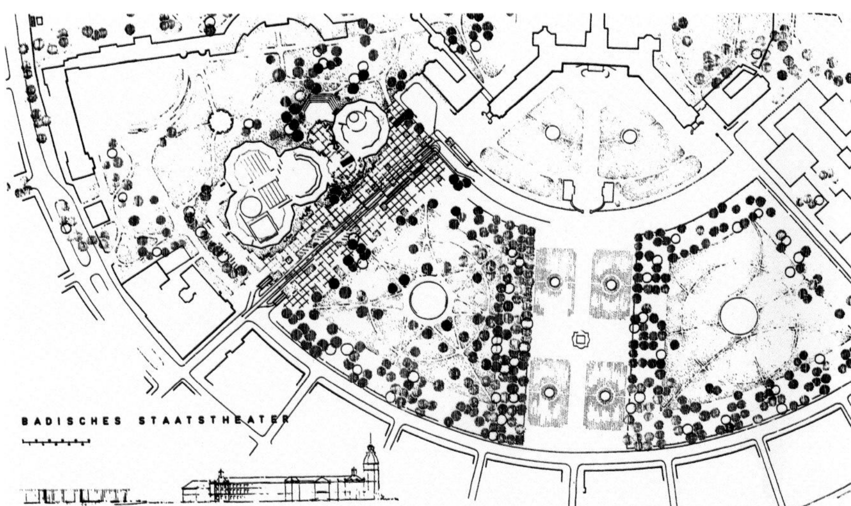

Lageplan und Ansichtsskizze
Site plan and elevation draft

Nach dieser Wettbewerbsausstellung war für mich klar, dass ich nach Berlin gehen wollte. Schon im Sommer war ich dort. Ich weiß noch, dass ich mich erst noch bei einem anderen Architekten bewerben wollte, "übungshalber". Aber dann an einem heißen Junitag fasste ich mir doch ein Herz und rief bei Baumgarten an. Ich ließ mich nicht von dem Mitarbeiter, mit dem ich dort verbunden wurde, abwimmeln, und so meldete sich nach einer längeren Pause mit etwas Ungeduld in der Stimme: Baumgarten. Ich sagte, ich käme aus Karlsruhe von Eiermann und wollte gern bei ihm arbeiten. Das war – von heute aus gesehen – raffiniert. An jenem Sommertag in der Telefonzelle am Steinplatz dachte ich mir nichts dabei. Er sagte dennoch ab. Er wüsste ja nicht einmal, wo er mich hinsetzen sollte, aber Leute aus Karlsruhe nähme er gerne. Ich sollte es doch vielleicht in einem halben Jahr nochmal versuchen. Wie gesagt: es war ein sehr schöner Tag, einer von der Sorte, wo einen nichts erschüttern kann. Jedenfalls hörte ich mich munter ins Telefon sagen: „Das finde ich aber dumm, dass Sie einen so guten Mann wieder wegschicken." Und dieser so hingesprochene Satz veränderte augenblicklich alles. Baumgarten war plötzlich ganz ungeduldig, mich kennenzulernen. Ob ich Zeichnungen dabei hätte. Wo ich denn jetzt sei? – „Ach das ist ja gleich um die Ecke. Dann kommen Sie doch am besten gleich mal vorbei…" Und so betrat ich kurz darauf das Atelier im Ruhrkohlehaus, wo all die von mir bewunderten Bauten gezeichnet worden waren.

Once I had seen the competition entries at the exhibition, my mind was made up: I wanted to go to Berlin. I had already been there during the summer. I can still remember that I had originally planned to apply to another architect first, as a practice run, so to speak. But then, one hot June day, I plucked up courage and phoned Baumgarten's number. I refused to let myself be put off by the staff member on the other end of the line and so, finally, after a long pause, I heard a somewhat impatient-sounding voice: "Baumgarten here". I told him I had come from Eiermann in Karlsruhe and that I wanted to work for him. In retrospect, I realise that this was quite a smart thing to have said. But on that summer's day in the phone box at Steinplatz, I did not give it another thought. It did not prevent him, however, from turning me down. He said he did not even know where he could find a seat for me in his office, although he did mention that he liked to employ people from Karlsruhe. He then added that I might try again in about six months' time. As I said, it was a beautiful day, one of those days on which nothing can unsettle you. Anyway, I suddenly heard myself saying quite cheerfully into the 'phone, "But I think it's a bit daft you sending away a man as good as me." And this sentence, which had simply shot out of my mouth, suddenly changed everything. All at once, Baumgarten became very impatient to make my acquaintance. He wanted to know whether I had any drawings on me, and where I was calling from. – "Hey, that's just round the corner. Look, why don't you just come round…" And so, in next to no

Ich war überrascht. Zwar war das Gebäude und die Einrichtung ganz so, wie ich es erwartet hatte. Aber die Atmosphäre in diesem Büro war völlig anders. Das hatte nichts von der Heiterkeit seiner Architektur. Verglichen mit der lässig-großzügigen Atmosphäre in Eiermanns Karlsruher Atelier war dies hier mehr wie ein ostpreußisches Kontor. Die Zeichner saßen in Reih und Glied in weißen Kitteln, niemand redete. Und hinten in der Ecke saß „der Lehrer" bei einem der Zeichner und korrigierte an dessen Arbeit.

Die Sekretärin meldete mich, und er spähte aus etwas vorstehenden blauen Augen über den Rand seiner Hornbrille hinweg zu mir hinüber. Als er aufstand, eine schlaksig elegante Erscheinung, von der aber spürbar die preußische Strenge in diesem Zeichenkontor ausging. Er führte mich in sein Chefzimmer und studierte lange meine Zeichnungen. Es waren sehr viel Möbelentwürfe dabei. Das interessierte ihn besonders. Er selbst hätte auch eine Vorliebe für Möbel. Und beim Reichstag gäbe es eine Menge solcher Aufgaben ... Schon anderntags bezog ich meinen neuen Arbeitsplatz, pünktlich 8.00 Uhr. Verspätungen, auch nur wenige Minuten, wurden nicht geduldet. Meine erste Aufgabe bestand darin, einen Türdrücker aus Bronze für die Reichstagstüren zu zeichnen.

time, I was stepping into his studio in the Ruhrkohlehaus, where I could see drawings of all the buildings that I so admired. I was also surprised. The building and its furnishings were exactly as I had expected, contrasting strongly with the atmosphere in the office. It betrayed nothing of the cheerfulness of his architecture, and, in comparison with the grand, laid-back atmosphere in Eiermann's studio in Karlsruhe, reminded of nothing so much as a strictly run East Prussian office of a bygone era. The draughtsmen were sitting there in rows, dressed in white smocks. Nobody said a word, whilst "the teacher" was sitting in the rear corner, looking over one of the draughtsmen's work.

The secretary announced me, and Baumgarten looked across at me, his slightly protruding blue eyes peering over the edge of his horn-rimmed glasses. As he stood up, it became evident to me that the stern Prussian atmosphere in this drawing office emanated from this lanky elegant figure. He led me into the master architect's office and studied my drawings for quite some time. They included many furniture designs, which he found particularly interesting. He, too, had a penchant for furniture, he said. And there was a lot of work to be done in this area for the Reichstag... The very next day, at 8 a.m. on the dot, I was at my new workplace, ready to start. Lateness, even of only a few minutes, was not tolerated. My first job was to draw a bronze doorknob for the Reichstag's doors.

Wie viele andere, die – fasziniert von seinen Bauten – bei ihm gearbeitet haben, wäre ich fast auch nach kurzer Zeit wieder gegangen. Die Atmosphäre war oft unerträglich. Ich war auch enttäuscht von der teilweise sehr oberflächlichen Arbeitsweise. Mit Verwunderung stellte ich fest, dass alle die Qualitäten, die ich in Karlsruhe den „Eiermännern" gegenüber so gerühmt hatte, hier nicht einmal bewusst waren. Verbundbauweise? Ja und? Überhaupt wurde über Architektur hier noch weniger diskutiert als in Karlsruhe. Und Kritik fand Baumgarten etwas Unproduktives. Für ihn war so gut wie alles, was Kollegen bauten, „eigentlich gar nicht so schlecht". Wobei immer im Unterton mitschwang: Macht ihr selbst erst mal was besseres. Und so blieben die Kriterien für die eigene Arbeit immer unklar. Auch ihm selbst. Stattdessen arbeitete er sich mit einem Bleistiftstummel an eine Lösung skizzierend heran. Er skizzierte und änderte einfach so lange, bis wieder diese bestimmte Mischung aus Strenge und Leichtigkeit erreicht war: eine ingenieurmäßig wirkende Knappheit des Aufwands, die aber nirgends aufdringlich und asketisch wurde, immer zivil und in Körpernähe gerundet und griffig blieb. Das war ein sehr langwieriges und sehr nervöses Entwurfsverfahren. Mir wurde erst im Laufe der Zeit klar, dass die gespannte Atmosphäre im Büro und Baumgartens oft unausstehliche Nörgeleien von dieser qualvollen Methode herrührten, die eben nur bei Aufrechterhaltung der Unzufriedenheit zu einem guten Ergebnis kam.

Like many of the others who worked for him because they were fascinated by his buildings, I was on the verge of leaving again after a short time. The atmosphere in the office was often unbearable. I was also disappointed with the way they worked there, which I sometimes found very superficial. I was surprised to learn that the staff were not even familiar with those qualities that I had admired in Eiermann. Composite construction? Who cares about it? They also spent less time discussing architecture here than they had done in Karlsruhe. Not only that, Baumgarten felt that criticism was unproductive. He judged nearly everything his fellow architects built with the words: "not bad at all". And there was always this undertone that said: you try and do better. As a result, the criteria for judging work remained rather fuzzy. This applied not only to our work, but to his too. He would use a pencil stump, sketching away until he had finally arrived at a solution. He would keep on sketching and revising, expending a minimum of effort, like some engineer. He would work for only as long as it took to find that typical mixture of severity and lightness, which was never overbearing or ascetic, but always looked decent; and at those places where one came physically close to the material, he gave it well-rounded forms that made it easy to hold on to. His way of designing was a very drawn-out and very nerve-wracking procedure. It took me a while to realise that the tense atmosphere in the office and Baumgarten's frequently intolerable grumbling stemmed from his tortuous method, which only produced good results at the price of persistent dissatisfaction. Things did not look any better with my doorknob, either. I drew and drew and drew, and had

Mit meinem Türdrücker war das nicht anders. Ich zeichnete und zeichnete und ließ immer neue Holzmodelle fertigen – er war nie zufrieden. Nach sechs Wochen schmiss er mir verächtlich das letzte Modell auf den Tisch und forderte jemand anders auf, doch nun mal endlich diesen Drücker zu zeichnen. „Der da wird ja nie damit fertig. Wir können doch hier nicht wochenlang an einem Griff zeichnen!" Das war zu viel. Ich räumte meinen Tisch, feuerte demonstrativ die letzten Zeichnungen in den Papierkorb und dampfte ab. Unten auf der Bismarckstraße kam Wilfried Wurst in seinem weißen Kittel hinter mir her gerannt. „Menschenskind, Wilkens, machen Sie doch keine Dummheiten. Der hat doch nur wieder seine schlechte Laune!" Ich ließ mich schließlich überreden und kehrte an meinen Tisch zurück. Allgemein betretenes Schweigen, versteckte Kollegenblicke. Dann kam er und bat mich in sein Zimmer. Und dort hielt er mir eine lange Rede über all den Ärger, den er hätte, und ich möchte sein „schlechtes Betragen" – so sagte er wörtlich – doch entschuldigen. Von da ab gingen dann seine kreativen Unzufriedenheitsgewitter an anderen Tischen herunter, mich sparte er aus. Im Gegenteil: nicht lange darauf stieg ich zu so etwas wie seinem Vertreter in Sachen „Künstlerische Oberleitung" auf. Und das kam so: Eines Tages kam ein Anruf vom Büro des Bundestagspräsidenten Gerstenmaier. Der Präsident möchte seinen Raum im Reichstag beziehen. Baumgarten hatte Gerstenmaier empfohlen, Schreibtisch und Lesepult nach seinen Zeichnungen sonderanfertigen zu lassen. Diese Zeichnungen gab es aber

one wooden model made after another – but he was never satisfied. After six weeks, he contemptuously threw the last model down on the table and challenged someone else to have a go at drawing the doorknob. "He'll never get it finished the way he's going. We can't spend weeks on end drawing a door-knob", he said. That did it. I cleared my desk, demonstratively flung the last drawing into the wastepaper basket and headed out. Down in the street, in Bismarckstrasse, Wilfried Wurst came running after me in his white smock. "For Christ's sake, Wilkens, don't be stupid! He's just having one of his moods again!" I finally allowed myself to be persuaded to return and headed back to my desk. There was an embarrassed silence all round, accompanied by furtive glances from my colleagues. Then Baumgarten appeared and asked me to come to his room. Once there, he gave a long speech about all the problems he was having, and asked me to excuse what he literally referred to as his "bad conduct". From that time on, his creative outbursts of dissatisfaction were aimed at the others. Indeed, not only did he spare me his attacks, I actually came to be something like his representative in questions of "supreme artistic direction" shortly afterwards. This is how it happened: One day, we received a call from the office of the President of the German *Bundestag*, Mr. Gerstenmaier. We were told that the President wanted to move into his office at the *Reichstag*. In a previous discussion with Gerstenmaier, Baumgarten had recommended that the President have his desk and lectern custom-built from his (Baumgarten's) drawings. At the time of the phone call, however, no such drawings existed. And not only that: as so often in

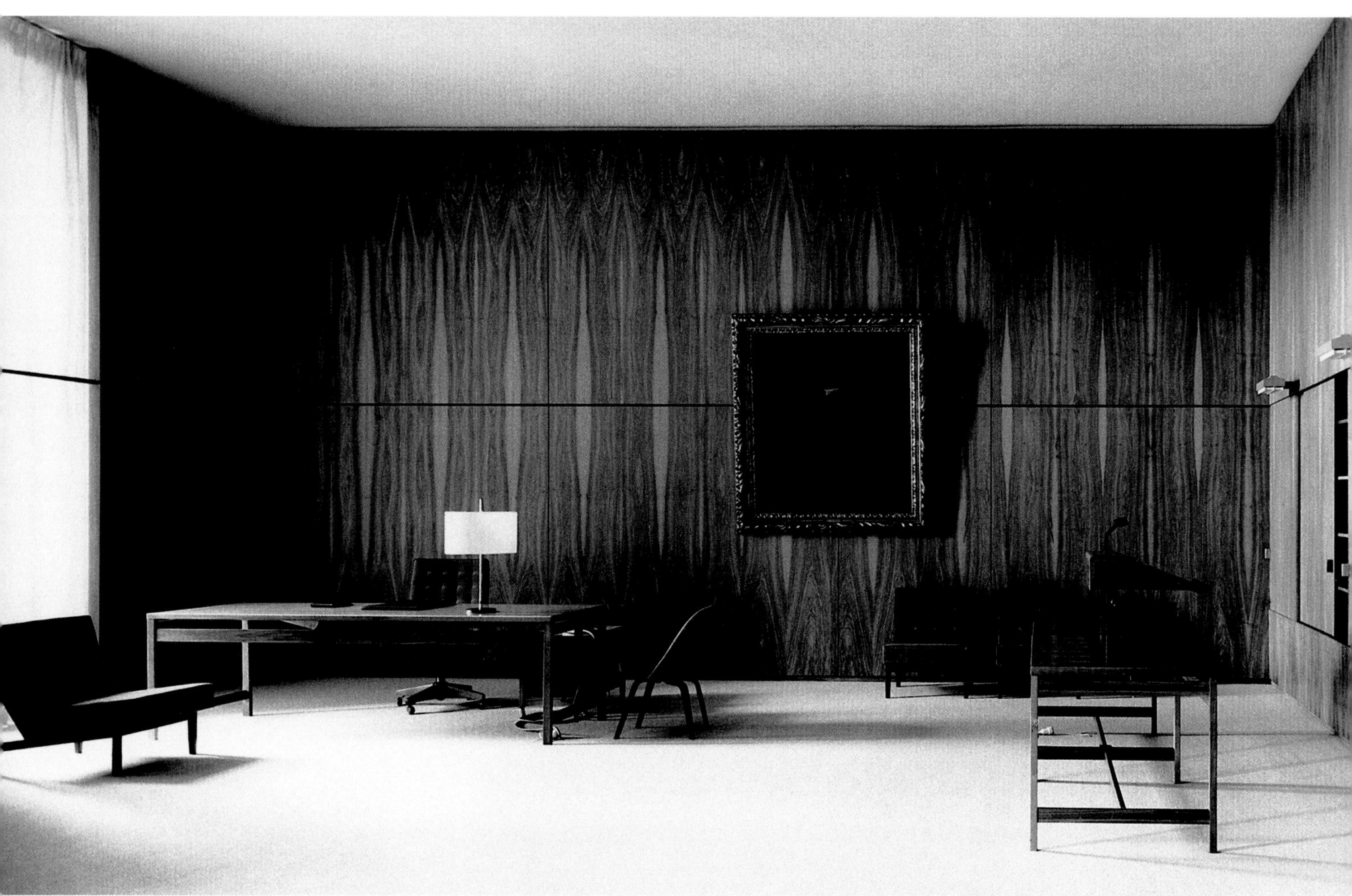

Büro des Bundestagspräsidenten im wieder aufgebauten Reichstag in Berlin
Office of the President of the German Bundestag in the reconstructed Reichstag in Berlin

bislang nicht, und Baumgarten war – wie so oft – ohne Angabe einer Adresse abgereist. Der angegebene Bezugstermin war knapp drei Wochen später. Was tun? Ich wurde gefragt, ob ich mir das zutraute; Entwurf und Ausführung in drei Wochen. Ich sagte zu.

Wie sieht ein Präsidentenschreibtisch in der unpathetischen Formensprache Baumgartens aus? Mir war gleich klar, dass er keinen untergehängten Schubladenkasten und schon gar nicht eine Schürze haben dürfte. Es musste einfach ein Tisch mit vier Beinen sein, ohne Tiefe, dafür eher langgestreckt. Ich zeichnete also einen sehr langgestreckten Tisch mit umlaufender Zarge und vier Holzbeinen an den äußeren Ecken. Doch das sah aus wie ein herbeigeschaffter Konferenztisch. Man musste einen „Einsitzer" daraus machen. Und das gelang, wenn man die Zarge im Bereich des Benutzers zugunsten einer größeren Beinfreiheit stark verjüngte, die gegenüberliegende Zarge herunternahm und beide mit schrägen Streben verband, was eine sehr leichte, mitte-betonte Figur ergab. Genau einen Tag vor dem Termin trafen die nach meinen Zeichnungen in Stuttgart (!) bei Knoll gefertigten Möbel im Reichstag ein. Ich fuhr sofort hin. Zu meinem Schrecken traf ich dort auf Herrn und Frau Baumgarten, die abends zuvor zurückgekommen waren und ungeduldig die Öffnung der Kisten erwarteten. Die Begrüßung war sehr knapp ... Baumgarten war schon im voraus grantig über die zu erwartende Katastrophe. Die Reichstagsarbeiter waren

the past, Baumgarten had suddenly disappeared without leaving a contact address. Gerstenmaier wanted to move into his office in less than three weeks' time. What were we to do? I was asked whether I thought I was up to the task of designing them, and having them manufactured, within the time given. I accepted the challenge.

What did a president's desk look like that was designed in Baumgarten's plain language of forms? It was quite clear to me that it was not to have a hanging chest of drawers, let alone a screen. It had to be a simple table with four legs, with a top that was long but not deep. So I drew him a very long table with a surrounding frame and four wooden legs at the corner edges. The only problem was that it looked like any old standard conference table. It had to be turned into a "single-seater". I solved this problem by making the frame narrower at the area where the user sat, thereby creating more legroom. I then lowered the frame opposite and connected both frames with diagonal bars, thus creating a very lightweight design with a central focus. Twenty-four hours before the deadline expired, the piece, which had been made by Knoll in Stuttgart (!) on the basis of my drawings, was delivered to the *Reichstag*. I lost no time in getting there. To my horror Baumgarten and his wife were also there when I arrived. They had returned only the night before and were impatiently waiting for the crates to be opened. I received a rather short welcome. Baumgarten was already bad-tempered in anticipation of the impending catastrophe. The *Reichstag* employees were in the process of

dabei, die Kiste unten aufzutrennen. Niemand sagte etwas. Es war entsetzlich spannend. Dann endlich wurde die Kiste nach oben weg gehoben. Da stand „mein" Schreibtisch in einem großen Haufen Holzwolle. Ich sah blitzartig, dass er richtig geworden war. Und Baumgarten rief etwas wie Hollaa! Er schob gleich den Rollcorpus darunter und den Drehstuhl und setzte sich an den Tisch, betastete alles und nickte zustimmend. Dann stand er auf, ganz erleichtert, kam auf mich zu und schüttelte mir die Hand: „Fabelhaft, fabelhaft!" Von da an gab es so etwas wie Freundschaft zwischen uns.

Er wusste nun, dass ich seine Musik spielen konnte, und das setzt ja voraus, dass man sie auch versteht. Ich kannte inzwischen auch alle seine „Tricks": die Vermeidung von geraden Stützenzahlen z. B., so dass immer eine Stütze in die Mitte kommt. Überhaupt die Mitte-Betonung, die „Pirouette". Dann die schwebenden Horizontalen, weiße Linien aus Stahl, an denen spritzige Leuchten befestigt werden. Die aber eigentlich den Zweck haben, die Deckenplatte zu entmaterialisieren. Die Farbe reinweiß vor fast weißem Hintergrund, oder in Verbindung mit hellem Holz: seine Treppen zum Beispiel! Und freundliche Eleganz dort, wo man anfasst. Messingbeschläge! Nichts Kantiges! Bei Geländern der Hand etwas, aber nur etwas entgegenkommen! Geringe Steigungen! Gestreckte, sehr leicht gehbare Treppen, zur Gebäudemitte geneigt, nicht umgekehrt! Und immer die Hauptrichtung beachten, die im ganzen Gebäude

opening the crates at the bottom. Nobody spoke a word. It was agonising. Then, at long last, the crate was raised, and there stood "my" desk in the middle of a huge pile of wood wool. I could see immediately that it had turned out right. And Baumgarten cried out something like "Ole"! He immediately slid the shelves on casters beneath the desk, pushed the swivel chair up to it, sat down at the desk, ran his fingers over everything and finally gave a nod of approval. Then he stood up, visibly relieved, came up to me and shook my hand: "Fantastic, fantastic!" From then on, we had a kind of friendship.

He now knew that I could play his game, which obviously presupposed that I understood the rules. In the meantime, I had learned all his "tricks", like avoiding even numbers of columns so that one column always stood at the centre. In fact, this emphasis on the centre – the "pirouette" – was very important to him. Then there were the floating horizontals – white lines of steel, to which snazzy lamps were attached. The reason for using them was, of course, to dematerialise the structural slab. The colour was pure white, against an almost white background, or pure white with light-coloured wood: his stairs, for example! And that benign elegance, wherever your hand came to rest. He had a few more rules of thumb, among them: Brass fittings! No sharp edges! Railings had to be made "hand-friendly" – but only within limits! Gentle gradients! Elongated stairs, easy to use, directed towards the centre of the building, and not the

spürbar bleiben muss! Es gibt kein Um-die-Ecke, keine Brüche, keine Durchdringungen. Überhaupt gibt es, wie bei den meisten Modernen, wenig konkreten Raum, nichts, was einen „Ort" bilden könnte. Gerade solche Statik in Zeit und Raum musste unbedingt vermieden werden. Heute verstehe ich diese Unarchitektur als die Verarbeitung der NS-Vergangenheit mit all ihrem hohlen Pathos. Es war der fast utopische Versuch, jeden Klassizismus zu vermeiden, ohne dabei salopp oder anbiedernd zu werden. Bei Eiermann manifestierte sich dieses Nachkriegsgefühl so deutlich nur noch in seiner Pforzheimer Kirche. Danach lädt sich seine Architektur schon viel früher mit neudeutschem Repräsentationsgehabe auf. Im Baumgarten-Büro wurde dieser zunehmende Hang zum Pompösen erst später spürbar, etwa in der Entscheidung, die Brüstungen beim Karlsruher Verfassungsgericht nicht mit gesickten Alublechen, sondern mit eigens angefertigten Alu-Gusstafeln zu verkleiden. Es war eigentlich das einzige Mal, dass meine Ablehnung bei Baumgarten keine Wirkung zeigte. Er hatte diese schrecklichen Gusstafeln irgendwo in der Schweiz – natürlich an einer Bank! – entdeckt und war auch mit meinen Beschwörungen seines alten Theaterentwurfs nicht mehr davon abzubringen.

Ich weiß nicht, ob es diese Entwicklung war oder mein Studium, das ich 1964 bei O.M. Ungers wieder aufnahm: ich distanzierte mich doch zunehmend von meiner Arbeit bei ihm, auch wenn ich dort noch freier Mitarbeiter blieb.

other way round! Always pay attention to the principal orientation – one had to be aware of it wherever one was in the building! There must be none of that "round-the-corner" business; no breaks, no penetrating elements. And, as with most Modernists, there was not much concrete space, nothing that could be identified as a "place". Such a static conception of time and space had to be avoided at all costs. I now understand this "non-architecture" as a means of coming to terms with the Nazi past, with all its hollow pathos. It was a quasi-utopian attempt to avoid all forms of classicism without, however, becoming slipshod or trying to curry favour. In Eiermann's case, this form of post-war sentiment was so apparent only in his church in Pforzheim. Soon thereafter, his architecture adopted an affected, typically West-German style. At Baumgarten's office, it took far longer for the trend towards pompousness to assert itself, as in his decision to abandon creased sheet aluminium for the Constitutional Court in Karlsruhe and use specially made cast aluminium panels instead. That was the only time that my negative judgement failed to have any effect on Baumgarten. He had discovered these awful cast panels somewhere in Switzerland – on a bank, of course! – and there was nothing anyone could do to dissuade him from using them – not even my invoking his old theatre design.

I do not know whether it was this or my university studies that induced me to resume working for O.M.Ungers in 1964. I increasingly distanced myself from my work with Baumgarten, even though I continued to work for him as a freelancer.

Baumgarten galt bei Ungers und seinen Schülern als einer dieser hoffnungslos veralteten Opas, die nur „Pappfassaden" auf amorphen Grundrissen bauten. Man lächelte über deren Kritzelperspektiven. Hier wurden Isometrien mit scharfem Graphos gezeichnet! Ich hatte zunehmend Mühe, meinen langjährigen Meister in dieser intellektuellen Runde zu verteidigen. Hier gab es endlich Architekturdiskussionen, hier ging es um Großformen, Stadträume, um Kompositionsverfahren, um Bautechniken. Baumgarten erschien mir nun in der Tat etwas veraltet. Dennoch stellte ich meine Mitarbeit bei ihm erst 1969 ganz ein und ging 1970 nach Frankfurt. Wir hörten dann jahrelang nichts mehr voneinander. Aber acht Jahre später – ich war inzwischen Hochschullehrer in Kassel – meldete er sich plötzlich in meinem Dienstraum am Telefon. Nach kurzer Vorrede kam er zur Sache: Ob ich denn in Kassel ein Büro hätte? Er hätte seines ja inzwischen aus Altersgründen aufgelöst. Doch er habe da so einen schönen Auftrag: Aaltos Kulturhaus in Wolfsburg müsse erweitert werden, und Frau Aalto habe die Stadt gebeten, mit dieser schwierigen Aufgabe Baumgarten zu beauftragen. Ob ich Lust hätte, das in Arbeitsgemeinschaft mit ihm zu machen?

Natürlich hatte ich Lust, und so trafen wir uns nach vielen Jahren wieder: zuerst in Wolfsburg und bald darauf in seiner Berliner Wohnung, wo wir einen ersten Vorentwurf erarbeiten wollten. Ich zeichnete dazu das ganze Gebiet aus einem Zweitausender-Plan durch, nur die Gebäude, keine Fahrbahnen, störende Beschriftungen etc. Er wurde unge-

Ungers and his students regarded Baumgarten as one of those hopelessly old-fashioned granddads who spent their time erecting "cardboard façades" on amorphous ground plans. His doodled perspectives merely raised a smile. With Ungers, by contrast, they drew isometric views with sharp pencils. In this intellectual circle, I found it increasingly difficult to defend my long-time master. Here, at long last, I found people who engaged in discussions on architecture, and took into consideration large-scale forms, urban spaces, approaches to composition, and construction techniques. Baumgarten really did strike me as being rather old-fashioned. Even so, it was not until 1969 that I finally stopped working for him completely and went to Frankfurt. After that, we did not hear from one another for several years. And then, eight years later – I was teaching at Kassel University at the time – he suddenly called me at my office. After some brief preliminaries he came to the point. He wanted to know if I had an architect's office in Kassel. He himself had shut down his own for reasons of age. Then he said that he had been offered a very nice commission: Aalto's *Kulturhaus* in Wolfsburg had to be extended, and Mrs. Aalto had asked the town to commission Baumgarten for this difficult task. He was calling me to find out whether I would like to team up with him on this project.

Needless to say, I didn't hesitate for a second. And so we met up again after all those years: first in Wolfsburg and shortly afterwards at his flat in Berlin, where we set to work on a preliminary design. To this end, I calked the entire

duldig. „Zeichnen Sie doch nur das Kulturhaus und die Platzumgrenzung. Das da hinten brauchen wir doch gar nicht." – „"Sehen Sie", sagte ich, „das ist der Unterschied zwischen unseren Generationen: Ihre Generation hat immer nur das eine Gebäude gesehen, die Umgebung nur als Hintergrund. Meine Generation ist da anders. Wir sehen das einzelne Gebäude immer als Teil eines ZUSAMMENHANGS! Und deshalb zeichnen wir auch immer alles gleich deutlich." Er wies das weit von sich, aber ich merkte schon an seiner leichten Aufgeregtheit, dass es ihn getroffen hatte. Wir arbeiteten also dann an einem Konzept und kamen ziemlich rasch zu ein paar wichtigen Maßnahmen, auf die wir uns einigten. (…) Auf dieser Basis wollten wir weitermachen und den Anbau entwerfen. Inzwischen war es Sonntagabend und es gab keine Kopiermöglichkeit. Deshalb beschlossen wir, dass er die verbleibende Zeit bis zu meiner Abreise nutzen sollte, um unseren Vorentwurf für mich durchzuzeichnen, während ich schon unseren Vertragsentwurf auf der alten Büromaschine tippen sollte. Wir machten uns an die Arbeit. Nach einer Stunde ging ich zu ihm rüber, um nach Tipp-Ex zu fragen. Da blickte er von seinem Blatt auf, wo er den ganzen Bestand der Umgebung Gebäude für Gebäude eingezeichnet hatte, und sagte zu mir aufguckend wie ein Schuljunge: „Ich zeichne auch den GANZEN ZUSAMMENHANG!"

area on a plan scaled 1:2000. I only did the buildings, leaving out the roads and any distracting lettering. He became impatient: "Look, just draw the *Kulturhaus* and the border of the square. We don't need any of that stuff in the background." – "You see," I said, "that's the difference between our generations. Your generation only ever saw the building. The surroundings were just background to you. My generation has a different perspective. We always consider the individual building as a part of a GREATER WHOLE! And that's why we always draw everything with equal clarity." He rejected this completely, but from his slightly agitated manner, I realised that my words had hurt him. We continued working on the concept and soon agreed on a few important measures. (…) We wanted to continue on this basis and design the extension. It was now Saturday evening and there was nowhere we could make any copies. So we decided that he would use the time till my departure to calk our preliminary design for me while I typed our draft contract on his old office typewriter. We set to work. After an hour had passed, I went over to ask him for some *Tipp-Ex*. He looked up from the sheet, on which he had done a detailed drawing of the surroundings, building for building. Glancing up at me, he said, in an almost schoolboyish manner: "I also draw the GREATER WHOLE!"

Kurze Chronik des Bundesverfassungsgerichts

17. April 1951	Nach In-Kraft-Treten des Grundgesetzes am 23. Mai 1949 dauert es beinahe zwei Jahre bis das Gesetz über das Bundesverfassungsgericht nach einem langwierigen Gesetzgebungsverfahren in Kraft tritt. Bis zur Arbeitsaufnahme durch das Bundesverfassungsgericht vergehen nun nur noch wenige Monate.
7. September 1951	Das Bundesverfassungsgericht nimmt mit 23 Richtern und einer Richterin seine Arbeit in Karlsruhe auf, wo es bis 1969 im Prinz-Max-Palais untergebracht ist. Prof. Dr. Dr. Hermann Höpker-Aschoff wird zum ersten Präsidenten des Bundesverfassungsgerichts ernannt. Er steht dem Gericht bis zum 15. Januar 1954 vor.
9. September 1951	Der Zweite Senat trifft die erste Entscheidung des Bundesverfassungsgerichts. Sie befasst sich mit der Neugliederung in den Ländern Baden, Württemberg-Baden und Württemberg-Hohenzollern und hat zum Ergebnis, dass die Volksabstimmung über die Gründung eines „Südweststaates“ vorläufig nicht stattfinden kann.
28. September 1951	Das Bundesverfassungsgericht wird in Anwesenheit des Bundespräsidenten Prof. Dr. Theodor Heuss und des Bundeskanzlers Dr. Konrad Adenauer mit einem Festakt feierlich eröffnet.
22. November 1951	Das Plenum des Bundesverfassungsgerichts erstattet sein erstes Rechtsgutachten für den Bundespräsidenten. Zwei weitere entsprechende Anträge folgen. Seit dem Jahre 1956 ist die Erstattung von Rechtsgutachten durch das Bundesverfassungsgericht für den Bundespräsidenten sowie Bundestag, Bundesrat und Bundesregierung nicht mehr vorgesehen.
27. Juni 1952	In seiner Status-Denkschrift verdeutlicht das Bundesverfassungsgericht seine Stellung als Verfassungsorgan, aus der u.a. ein den übrigen Staatsorganen entsprechendes Selbstverwaltungsrecht, ein eigener Etat im Bun-

Chronicle of the Federal Constitutional Court

17 April 1951	After the Basic Law comes into effect on 23 May 1949, it takes almost two years – and a prolonged legislative procedure - before the Law on the Federal Constitutional Court comes into force. The Court takes up its work just a few months later.
7 September 1951	The Federal Constitutional Court, which employs one female and twenty-three male judges, takes up its work in Karlsruhe, where it occupies the Prinz-Max-Palais until 1969. Prof. Dr. Dr. Hermann Höpker-Aschoff is appointed the Court's first President, a post he holds until 15 January 1954.
9 September 1951	The Second Senate makes the Constitutional Court's first decision. It concerns the territorial reorganisation of the Länder of Baden, Württemberg-Baden and Württemberg-Hohenzollern. It rules that, for the time being, there will be no plebiscite on the creation of a south-western Land.
28 September 1951	The Federal Constitutional Court is ceremonially opened in the presence of Federal President Prof. Dr. Theodor Heuss and German Chancellor Dr. Konrad Adenauer.
22 November 1951	The plenum of the Federal Constitutional Court issues its first advisory opinion for the Federal President. Two more petitions for advisory opinions follow. After 1956, it was no longer part of the Constitutional Court's remit to issue advisory opinions for the Federal President, the Bundestag, the Bundesrat or the Federal Government.
27 June 1952	In a memorandum on its status, the Court defines itself as a constitutional organ. Thus defined, it has the right to self-administration (as all other state bodies) and the right to its own budget within the federal budg-

deshaushalt und die Eigenschaft einer obersten Dienstbehörde folgt. Diese Stellung ist Folge der weitreichenden Kompetenzen des Bundesverfassungsgerichts gegenüber anderen Verfassungsorganen.

23. Oktober 1952 — Urteil im ersten Parteiverbotsverfahren: Der Erste Senat erklärt die Sozialistische Reichspartei (SRP) für verfassungswidrig. Ein weiteres Parteiverbotsverfahren führt im Jahre 1956 zur Feststellung der Verfassungswidrigkeit der Kommunistischen Partei Deutschlands (KPD) durch den Ersten Senat. Es ist die längste aller bis heute verkündeten Entscheidungen. Das im Jahre 2001 von Bundesregierung, Bundestag und Bundesrat angestrengte Parteiverbotsverfahren gegen die Nationaldemokratische Partei Deutschlands (NPD) wird vom Zweiten Senat im März 2003 eingestellt.

23. März 1954 — Prof. Dr. Josef Wintrich wird zum neuen Präsidenten des Bundesverfassungsgerichts ernannt. Er verstirbt am 19. Oktober 1958.

ab 1956 — Nachdem in den ersten fünf Jahren der Tätigkeit des Bundesverfassungsgerichts beim Ersten Senat über 3300 Verfahren, beim Zweiten Senat aber nur 34 Verfahren anhängig geworden sind, wird für den bislang nur als Staatsgerichtshof tätigen Zweiten Senat ebenfalls die Zuständigkeit für Verfassungsbeschwerden und Richtervorlagen begründet.

15. Januar 1958 — Der Erste Senat verkündet sein berühmtes „Lüth-Urteil“, benannt nach dem Leiter der Staatlichen Pressestelle der Freien und Hansestadt Hamburg, der öffentlich zum Boykott eines Films des Regisseurs Veit Harlan aufgerufen hatte, weil dieser im Dritten Reich „der Nazifilm-Regisseur Nr. 1 und durch seinen „Jud-Süß“-Film einer der wichtigsten Exponenten der mörderischen Judenhetze der Nazis“ gewesen sei. Das Bundesverfassungsgericht hebt die Entscheidung des Landgerichts, das Lüth zur Unterlassung derartiger Äußerungen verurteilt hatte, auf und verdeutlicht damit die Einwirkung der Grundrechte auf das bürgerliche

et; it also has the attributes of a high administrative authority. The Court's status derives from its far-reaching competencies vis-à-vis other constitutional bodies.

23 October 1952 — Judgement in the first proceedings to ban a political party: the First Senate declares the *Sozialistische Reichspartei* (SRP) unconstitutional. In the second proceeding of this nature, in 1956, the First Senate outlaws the German Communist Party (KPD). This remains the longest judgement ever pronounced by the court. The proceedings instigated in 2001 by the Federal Government, the Bundestag and the Bundesrat with the aim of banning the National Democratic Party of Germany (NPD) are dropped by the Second Senate in March 2003.

23 March 1954 — Prof. Dr. Josef Wintrich is appointed the new President of the Court. He dies on 19 October 1958.

From 1956 — As more than 3,300 proceedings are pending before the First Senate of the Court after the first five years of its activity, whilst only thirty-four are pending before the Second Senate, the competence of the Second Senate, which has thus far only acted as a constitutional court for certain Länder, is now legally extended to allow it to deal with constitutional complaints and cases stated.

15 January 1958 — The First Senate pronounces its famous “Lüth decision”. This decision is named after the state press office manager of the free Hanseatic City of Hamburg, who publicly urges people to boycott a film by the director Veit Harlan, “the No. 1 Nazi director” during the Third Reich. Lüth argues that Harlan's film Jew Süß shows him to have been a prime exponent of the Nazis' murderous campaign against Jews. The Federal Constitutional Court reverses the judgement of the regional court, which has prosecuted Lüth for making such statements. The Constitutional Court's decision thus clearly states the effect of constitutional law on private law. To this day, the “Lüth decision” is still cited in legal training to illustrate the importance of basic rights with respect to the relationship of private persons to one another.

Recht. Das „Lüth-Urteil“ dient in der juristischen Ausbildung auch heute noch zur Veranschaulichung der Bedeutung der Grundrechte für die Beziehungen der Staatsbürger untereinander.

8. Januar 1959	Der frühere Ministerpräsident von Baden-Württemberg Prof. Dr. Dr. h.c. Gebhard Müller wird zum Präsidenten des Bundesverfassungsgerichts ernannt. Er tritt am 8. Dezember 1971 in den Ruhestand.
28. Februar 1961	Der Zweite Senat entscheidet, dass die im ausschließlichen Eigentum des Bundes stehende „Deutschland-Fernsehen-GmbH“ wegen fehlender Kompetenz des Bundes ihren Sendebetrieb nicht aufnehmen darf. Bundeskanzler Dr. Konrad Adenauer gibt daraufhin am 8. März 1961 einen Kabinettsbeschluss bekannt, wonach sich das Kabinett darin einig ist, „dass das Urteil des Bundesverfassungsgerichts falsch ist“. Der Präsident des Bundesverfassungsgerichts erklärt später in einer Pressemitteilung, dass kein Verfassungsorgan nach der grundgesetzlichen Ordnung befugt ist zu beschließen, ein Spruch des Bundesverfassungsgerichts entspreche nicht dem Recht.
18. Juli 1961	Das Plenum des Bundesverfassungsgerichts beschließt, die im Jahre 1951 eingeführten Roben und Barette aus rotem Stoff mit einem Sammetbesatz in gleicher Farbe beizubehalten und von der Anbringung einer Amtskette oder Pelzverbrämung abzusehen. Vorausgegangen war ein jahrelanger Schriftwechsel zwischen dem Bundesverfassungsgericht und dem Bundespräsidialamt über die Zuständigkeit zur Regelung der Amtstracht der Richter des Bundesverfassungsgerichts.
15. Februar 1965	Nach der im Jahre 1962 in Angriff genommenen Vorentwurfsplanung und der Genehmigung des Entwurfs im Jahre 1964 ist Baubeginn des neuen Amtsgebäudes des Bundesverfassungsgerichts im Karlsruher Schlossbezirk. Das Richtfest wird im Oktober 1966 gefeiert.
29. Januar 1969	Das Grundgesetz wird geändert und u.a. die Verfassungsbeschwerde in den Katalog der Verfahren vor dem Bundesverfassungsgericht ausdrücklich aufgenommen. Zuvor hatte das Grundgesetz diesen Rechtsbehelf

8 January 1959	The former Minister-President of Baden-Württemberg Prof. Dr. Dr. h.c. Gebhard Müller is appointed President of the Federal Constitutional Court. He retires on 8 December 1971.
28 February 1961	The Second Senate reaches a decision prohibiting “Deutschland-Fernsehen-GmbH”, which is the exclusive property of the federal state, from broadcasting. It argues that the federal state does not have the necessary competence. German Chancellor Dr. Konrad Adenauer responds on 8 March 1961 by announcing that the cabinet has reached a decision, “that the ruling of the Federal Constitutional Court is wrong”. In a press release, the President of the Court later announces that under the Basic Law no constitutional body is competent to rule that a judgement of the Federal Constitutional Court does not correspond with the law.
18 July 1961	The plenum of the Court decides to keep the red robes and caps (introduced in 1951) with velvet trimmings of the same colour, and not to wear chains of office or fur trimmings. This decision follows a years-long exchange of correspondence between the Court and the Office of the Federal President on which authority is competent to decide on the robes of office of Court judges.
15 February 1965	Following the preliminary design planning, which starts in 1962, and the authorisation of the design in 1964, construction work begins on the new official residence of the Federal Constitutional Court in Karlsruhe's Palace District. The topping-out ceremony is held in October 1966.
29 January 1969	The Basic Law is amended. Other measures are taken, such as including the constitutional complaint in the list of proceedings before the Federal Constitutional Court. Until this time, the Basic Law contained no provisions for this legal remedy. As a result, constitutional complaints could only be made on the basis of the Law on the Federal Constitutional Court.
1969	Prof. Hans Kindermann creates the Federal Eagle, which is mounted above the judges' bench in the Courtroom of the Constitutional Court.

	nicht vorgesehen; Verfassungsbeschwerden konnten lediglich aufgrund des Bundesverfassungsgerichtsgesetzes erhoben werden.
1969	Prof. Hans Kindermann fertigt den Bundesadler, der im Sitzungssaal des Bundesverfassungsgerichts über der Richterbank angebracht wird.
06. Mai 1969	Das Bundesverfassungsgericht zieht aus dem zu klein gewordenen Prinz-Max-Palais aus und bezieht seinen neuen Amtssitz in dem von Paul Baumgarten gestalteten Gebäude zwischen dem Schlossplatz des Karlsruher Schlosses und dem Botanischen Garten.
15. Dezember 1970	Die Richter des Bundesverfassungsgerichts Dr. von Schlabrendorff, Geller und Dr. Rupp verlesen im Anschluss an die Entscheidung des Zweiten Senats zur Verfassungsmäßigkeit der Überwachung des Brief-, Post- und Fernmeldeverkehrs das erste Sondervotum in der Geschichte des Bundesverfassungsgerichts.
8. Dezember 1971	Prof. Dr. h.c. Ernst Benda wird neuer Präsident des Bundesverfassungsgerichts.
31. Juli 1973	Der Zweite Senat erklärt den zwischen der Bundesrepublik Deutschland und der Deutschen Demokratischen Republik geschlossenen Grundlagenvertrag für mit dem Grundgesetz vereinbar, mahnt aber dazu, das in der Präambel des Grundgesetzes niedergelegte Ziel einer Wiedervereinigung der beiden deutschen Staaten nicht aus dem Auge zu verlieren.
25. Februar 1975	Der Erste Senat erklärt Teile des Abtreibungsstrafrechts für verfassungswidrig, weil die sogenannte Fristenlösung dem Schutz des ungeborenen Lebens nicht hinreichend Rechnung trägt. Damit findet eine jahrelange öffentliche Debatte über die Zulässigkeit von Schwangerschaftsabbrüchen in den ersten zwölf Wochen der Schwangerschaft ein – vorläufiges – juristisches Ende. Im Jahre 1993 erklärt der Zweite Senat erneut weite Teile der strafrechtlichen Vorschriften über Schwangerschaftsabbrüche für verfassungswidrig, deutet

6 May 1969	The Court moves out of the Prinz-Max-Palais, which has now become too small to accommodate it. Its new official residence is the building designed by Paul Baumgarten which stands between Schlossplatz at Karlsruhe Palace and the Botanical Gardens.
15 December 1970	Following the decision of the Second Senate on the constitutionality of monitoring letters, mail and telecommunications, Dr. von Schlabrendorff, Mr. Geller and Dr. Rupp, judges at the Constitutional Court, read out the first dissenting opinion in the Court's history.
8 December 1971	Prof. Dr. h.c. Ernst Benda becomes the new President of the Federal Constitutional Court.
31 July 1973	The Second Senate declares the *Grundlagenvertrag* (Basic Treaty) concluded between the Federal Republic of Germany and the German Democratic Republic to be compatible with the Basic Law, but warns against losing sight of the goal, as set out in the preamble of the Basic Law, of unifying the two German states.
25 February 1975	The First Senate declares parts of the law on abortion to be unconstitutional, on the grounds that the so-called *Fristenlösung*, defining the period within which an abortion may be performed, does too little to protect the life of the unborn child. As far as the law is concerned, the years-long public debate on whether abortions may be performed during the first twelve weeks of pregnancy is thus closed for the time being. In 1993, the Second Senate declares other parts of the criminal-law provisions on abortion to be unconstitutional; however, it makes suggestions on how provisions might be drafted to sufficiently protect the unborn child. Both decisions are made with a dissenting opinion.
4 March 1975	A bomb explodes in front of the entrance to the courtroom of the Federal Constitutional Court. Nobody is injured.

	dabei aber an, wie eine das ungeborene Leben ausreichend schützende Regelung aussehen könnte. Beide Entscheidungen sind mit einem Sondervotum versehen.
4. März 1975	Vor dem Eingangsbereich zu dem Sitzungssaal des Bundesverfassungsgerichts explodiert eine Bombe. Menschen werden nicht verletzt.
18. November 1976	Mit einem Festakt feiert das Bundesverfassungsgericht sein 25-jähriges Bestehen. 60.000 Eingaben verschiedenster Art und über 33.000 Verfassungsbeschwerden beweisen, dass das Bundesverfassungsgericht bereits zu einer im allgemeinen Bewusstsein verankerten Institution geworden ist.
16. Oktober 1977	Die Entführung des Arbeitgeberpräsidenten Dr. Hanns-Martin Schleyer durch Mitglieder der terroristischen „Rote-Armee-Fraktion" beschäftigt das Bundesverfassungsgericht. Die Angehörigen des Entführten verlangen von der Bundesregierung, den Forderungen der Terroristen auf Freilassung Inhaftierter nachzugeben und dadurch das Leben Schleyers zu retten. Nach einer dramatischen Nachtsitzung kommt der Erste Senat zu dem Ergebnis, aus dem Grundgesetz ließen sich eindeutige Handlungsanweisungen für die Bundesregierung nicht entnehmen. Zwei Tage später wird Dr. Hanns-Martin Schleyer von seinen Entführern erschossen.
16. Februar 1983	Der Zweite Senat billigt mehrheitlich die Auflösung des Deutschen Bundestages durch den Bundespräsidenten, nachdem der zuvor durch konstruktives Misstrauensvotum zum Bundeskanzler gewählte Dr. Helmut Kohl erfolglos die Vertrauensfrage gestellt hatte, um Neuwahlen herbeizuführen.
15. Dezember 1983	In seinem Urteil über das Volkszählungsgesetz 1983 entwickelt der Erste Senat die verfassungsrechtlichen Grundlagen des Rechts auf informationelle Selbstbestimmung. Das Urteil wird zum Fundament des Datenschutzes in Deutschland.
20. Dezember 1983	Prof. Dr. Wolfgang Zeidler wird Nachfolger von Prof. Dr. h.c. Ernst Benda im Amt des Präsidenten des Bundesverfassungsgerichts.

18 November 1976	The Court ceremonially celebrates its twenty-fifth anniversary. 60,000 petitions of all kinds and more than 33,000 constitutional complaints demonstrate that the idea of the Federal Constitutional Court is now firmly anchored in the public mind.
16 October 1977	The Court deals with the kidnapping of Dr. Hanns-Martin Schleyer, president of the German employers' association, by members of the Baader-Meinhof terrorist group. Schleyer's relatives demand that the Federal Government meet the terrorists' demands to release the prisoners and thereby save Schleyer's life. After a dramatic night hearing, the First Senate concludes that the Basic Law does not contain any provisions from which one could deduce unequivocal instructions on how the Federal Government should act. Two days later, Dr. Hanns-Martin Schleyer is shot dead by his kidnappers.
16 February 1983	A majority in the Second Senate gives its approval to the dissolution of the German Bundestag by the Federal President; this after Chancellor Dr. Helmut Kohl (elected into office following a constructive vote of no-confidence) has tabled a motion of confidence whose defeat will enable him to call new elections.
15 December 1983	In its judgement on the 1983 census law, the First Senate sets out the constitutional basis for the right to informational self-determination. This judgement provides the foundation for data protection in Germany.
20 December 1983	Prof. Dr. Wolfgang Zeidler succeeds Prof. Dr. h.c. Ernst Benda as President of the Federal Constitutional Court.
December 1984– November 1986	The protest of thousands of people against both the construction of nuclear power stations and the NATO dual-track decision, coupled with the decision to deploy Pershing 2 missiles, becomes the subject of a number of constitutional decisions in the mid-1980s. In its decision on Brockdorf, the First Senate addresses fundamental questions related to the constitutionally protected right to assemble and hold demonstrations. For the first time, the question of whether sit-down blockades can be penalised as coercion becomes the

Dezember 1984–November 1986	Der Protest tausender Bürger gegen den Bau von Atomkraftwerken und den NATO-Doppelbeschluss sowie die damit einher gehende Stationierung von Pershing 2-Raketen ist Gegenstand mehrerer verfassungsgerichtlicher Entscheidungen in der Mitte der 80er-Jahre. In seinem Brokdorf-Beschluss befasste sich der Erste Senat grundlegend mit der Reichweite der grundrechtlich geschützten Versammlungs- und Demonstrationsfreiheit. Auch die Frage, ob Sitzblockaden als Nötigung bestraft werden können, war erstmals Gegenstand einer verfassungsgerichtlichen Entscheidung. Dieses Problem sollte das Bundesverfassungsgericht auch Jahre später noch – bis in die jüngste Zeit hinein – mehrfach beschäftigen.
16. November 1987	Prof. Dr. Roman Herzog wird zum Präsidenten des Bundesverfassungsgerichts ernannt.
ab 1990	Infolge der Wiedervereinigung der beiden deutschen Staaten werden an das Bundesverfassungsgericht zunehmend wiedervereinigungsbedingte Rechtsfragen herangetragen. Während sich etwa der Erste Senat mehrfach mit Enteignungen früheren Privatvermögens auf besatzungsrechtlicher Grundlage und der Überleitung von Renten zu befassen hatte, befand der Zweite Senat im Jahre 1996 über die verfassungsrechtlichen Voraussetzungen für die Strafbarkeit der so genannten Mauerschützen.
1992–1993	Zwischen den vom Bundesverfassungsgericht angemieteten Räumen im Nord-West-Flügel des Karlsruher Schlosses und dem Bauteil V des Gerichtsgebäudes wird ein unterirdischer Verbindungsgang gebaut.
12. Oktober 1993	In seinem Maastricht-Urteil billigt der Zweite Senat die deutsche Mitwirkung an der Gründung der Europäischen Union und macht damit auch den Weg frei für eine gemeinsame europäische Währung.
14. September 1994	Prof. Dr. Dr. h.c. Jutta Limbach wird zur ersten Präsidentin des Bundesverfassungsgerichts ernannt, dem sie bis zum 10. April 2002 vorsteht.
16. Mai 1995	Der Erste Senat stellt in seinem Kruzifix-Urteil mehrheitlich fest, dass das Anbringen eines Kreuzes in den Unterrichtsräumen einer staatlichen Pflichtschule gegen die Religionsfreiheit Andersgläubiger verstößt. Der

	subject of a decision by the Constitutional Court. This question will occupy the Court a number of times in the years to come – right up to the present day.
16 November 1987	Prof. Dr. Roman Herzog is appointed President of the Federal Constitutional Court.
From 1990	After the two German states are unified, the Federal Constitutional Court increasingly has to deal with legal questions related to unification. The First Senate frequently has to deal (on the basis of occupation law) with expropriations of what was formerly private property and with the transference of pensions. In 1996, the Second Senate finds itself dealing with the constitutional preconditions for the criminal liability of the so-called Wall guards.
1992–1993	A tunnel is built between the rooms rented by the Court in the north-west wing of Karlsruhe Palace and Building V of the court complex.
12 October 1993	In its judgement on Maastricht, the Second Senate gives its approval to Germany's co-operating in the foundation of the European Union, thus clearing the path for a single European currency.
14 September 1994	Prof. Dr. Dr. h.c. Jutta Limbach becomes the first woman President of the Federal Constitutional Court, a post she holds until 10 April 2002.
16 May 1995	In its "crucifix decision", the First Senate declares that putting up a crucifix in classrooms in compulsory state schools infringes the religious freedom of those of other faiths. The Bavarian Minister-President and the Archbishop of Munich jointly organise a large demonstration to protest against the decision. Subsequently, 256,000 signatures are submitted to the Federal Constitutional Court protesting against the decision. Letters of protest and statements expressing approval arrive by the "barrow-load". Even afterwards, "questions of faith" repeatedly move the public to support or oppose decisions made by the Constitutional Court.

Bayerische Ministerpräsident und der Erzbischof von München organisieren gemeinsam eine Großdemonstration gegen die Entscheidung. Dem Bundesverfassungsgericht werden später rund 256.000 Unterschriften gegen die Entscheidung vorgelegt; Protestbriefe und zustimmende Stellungnahmen gehen „waschkörbeweise“ ein. Auch in der Folgezeit sind es immer wieder „Glaubensfragen“, die die Öffentlichkeit besonders für oder gegen Entscheidungen des Bundesverfassungsgerichts einnehmen, so etwa das „Schächt-Urteil“ des Ersten Senats aus dem Jahre 2002, das die Erlaubnis zum betäubungslosen Schlachten warmblütiger Tiere betraf, oder die „Kopftuch-Entscheidung“ des Zweiten Senats im Jahr 2003, die sich mit der Frage zu befassen hatte, ob eine muslimische Lehrerin als Beamtin während des Unterrichts an staatlichen Schulen ein Kopftuch tragen darf.

10. Oktober 1995 — Ein halbes Jahr nach dem Kruzifix-Urteil entscheidet der Erste Senat, dass die Verwendung des Tucholsky-Zitats „Soldaten sind Mörder“ gegenüber Soldaten der Bundeswehr eine strafgerichtliche Verurteilung wegen Beleidigung nicht rechtfertigt, da damit dem Grundrecht der Meinungsfreiheit nicht hinreichend Rechnung getragen werde. Wiederum steht das Bundesverfassungsgericht stark in der öffentlichen Kritik.

1995–1997 — Das ehemalige Casino in Bauteil I des Gerichtsgebäudes wird von einem Bewirtungsbetrieb in ein Bürogebäude umgebaut. Im weiter dort befindlichen Pausenraum wird im Jahr 1997 ein aus einer Kunstplastik und einem Bild bestehendes Gesamtkunstwerk von André Bucher installiert, das später auf der Briefmarke zum 50-jährigen Bestehen des Bundesverfassungsgerichts abgebildet wird.

seit 1999 — Wegen des Bedarfs von 40 zusätzlichen Räumen beginnen die Überlegungen zur baulichen Erweiterung des Bundesverfassungsgerichts. Um die Inanspruchnahme des angrenzenden Botanischen Gartens möglichst gering zu halten, wird der Flächenbedarf so gering wie möglich gehalten; ein Architektenwettbewerb folgt. Eine Bürgerinitiative formiert sich und will jede Inanspruchnahme des Botanischen Gartens verhindern. Im

Other such examples are the “Schächt decision” of the First Senate in 2002, which concerns the right to slaughter warm-blooded animals without stunning them first, and the “headscarf decision” of 2003, which deals with the question of whether a Muslim teacher, as a *Beamte* (state employee) should be allowed to wear a headscarf during lessons.

10 October 1995 — Six months after the crucifix decision, the First Senate decides that the quoting of Tucholsky’s statement “soldiers are murderers” against soldiers in the Federal Armed Forces does not justify prosecution for defamation in a criminal court, since prosecution would not sufficiently take into consideration people’s fundamental right to freely express their opinions. Once again, the Court comes under strong public criticism.

1995–1997 — The former canteen in Building I of the court complex is converted into offices. In 1997, a work of art consisting of a sculpture and painting by André Bucher is installed in the break room. The artwork is later reproduced on a stamp marking the fiftieth anniversary of the Federal Constitutional Court.

From 1999 — In need of forty extra rooms, the Court begins to consider expanding its complex. In order to encroach upon the neighbouring Botanical Gardens as little as possible, it keeps its spatial demands to a minimum. An architectural competition is held. A citizen’s initiative is formed to stop any part of the Botanical Gardens being surrendered to the Court complex. In July 2003, the City of Karlsruhe announces its approval of the design by the architect Michael Schrölkamp.

6 December 2000 — Now that all the other constitutional bodies have transferred their seats to Berlin, the German capital, the Court plenum addresses the question of the Court’s location. It decides to remain in Karlsruhe.

2000–2001 — The shortage of space in the Court building becomes increasingly critical. To alleviate the problem, new offices are installed in the first basement level beneath Building II.

	Juli 2003 signalisiert die Stadt Karlsruhe ihre Zustimmungsbereitschaft zu dem Entwurf des Architekten Michael Schrölkamp.
6. Dezember 2000	Nachdem alle weiteren Verfassungsorgane des Bundes ihren Sitz in die Bundeshauptstadt Berlin verlegt haben, befasst sich auch das Plenum des Bundesverfassungsgerichts mit der Frage des Standortes. Es beschließt, den traditionellen Sitz des Gerichts in Karlsruhe beizubehalten.
2000–2001	Die Raumnot im Gerichtsgebäude wird immer größer: Infolgedessen werden im ersten Untergeschoss des Bauteils II befristet sieben weitere Büroräume eingebaut.
7. Juli 2001	Mit einem Bürgerfest, Kabarett und Gesprächen sowie der Ausstellung „Kunst macht Würde" öffnet sich das Bundesverfassungsgericht aus Anlass seines 50-jährigen Bestehens einer breiten Öffentlichkeit. Rund 20.000 Besucher nutzen die Gelegenheit zu einer Besichtigung des höchsten deutschen Gerichts.
28. September 2001	Mit einem Festakt feiert das Bundesverfassungsgericht sein 50-jähriges Bestehen. Bis zum Ende des Jahres 2001 waren seit 1951 insgesamt 136.622 Verfahren eingegangen, davon 131.445 Verfassungsbeschwerden.
2001–2002	Unter dem Richtergebäude werden zur Behebung der Raumnot Container mit 13 Zimmern und Sanitärräume („Mobile Raumsysteme") errichtet.
10. April 2002	Prof. Dr. Hans-Jürgen Papier wird zum Präsidenten des Bundesverfassungsgerichts ernannt.

7 July 2001	On its 50th anniversary, the Constitutional Court opens its doors to the general public, with celebrations, cabaret and talks as well as an exhibition: "Art Confers Dignity". Some 20,000 visitors take advantage of the opportunity to view Germany's highest court.
28 September 2001	The Federal Constitutional Court ceremonially celebrates its 50th anniversary. Between 1951 and the end of 2001, a total of 136,622 cases have been taken up, 131,445 of them dealing with constitutional complaints.
2001–2002	To overcome the shortage of space, containers with thirteen rooms and toilet facilities ("mobile room systems") are installed beneath the Court building.
10 April 2002	Prof. Dr. Hans-Jürgen Papier is appointed President of the Court.

Projektdaten

Beginn der Planung Vorentwurf: 1962
Genehmigung des Entwurfs: 1964
Baubeginn: 15.02.1965
Richtfest: 28.10.1966
Schlüsselübergabe: 06.05.1969

Umbauter Raum insgesamt: 55 000 cbm
Gesamtfläche der Geschosse ohne Treppen,
Aufzüge usw.: 13 500 qm
Gesamte Baukosten (inkl. Außenanlagen): DM 19 800 000.– (ca. EUR 10 123 579.–)

Konstruktion: Untergeschosse: Stahlbetonbauweise
Erdgeschoss und Obergeschosse: Stahlskelett mit Stahlbetondecken
Außenhaut: Geschosshohe Oregon-Holzelemente mit festen Verglasungen, Schiebefenstern und Kippflügeln, davor: fest montierte Aluminium-Gussplatten; vor den Fenstern: Aluminium-Horizontallamellen, elektronisch angetriebene Lamellenstoren.
Planung und künstlerische Oberleitung: Prof. Dipl.-Ing. Paul Baumgarten, Berlin
Bauleitung und technische Oberleitung: Staatliches Hochbauamt Karlsruhe

Project Data

Start of planning preliminary design: 1962
Design approved: 1964
Start of construction: 15 February 1965
Topping-out ceremony: 28 October 1966
Handing over the keys: 6 May 1969

Total volume of enclosed space: 55,000 m3
Total floor area without stairs, lifts, etc.: 13,500 m2
Total cost of construction (incl. outdoor facilities): DM 19,800,000 (approx. EUR 10,123,579)

Construction: Basement levels: reinforced concrete construction
Ground floor and upper floors: steel skeleton with reinforced concrete floors
Building skin: storey-high Oregon wood elements with fixed glazing, sliding windows and bottom hung windows, in front of them: fixed cast aluminium panels; in front of windows: horizontal aluminium slats, electronically operated louvers
Planning and artistic supervision: Prof. Dipl.-Ing. Paul Baumgarten, Berlin
Site management and technical supervision: Staatliches Hochbauamt Karlsruhe

Paul Baumgarten

Geboren am 09.05.1900 in Tilsit
Gestorben am 08.10.1984 in Berlin

1919–1924	Studium an der Technischen Hochschule Danzig, danach an der Technischen Hochschule Berlin-Charlottenburg
1928–1931	Arbeit im Architekturbüro Mebes & Emmerich, dann freier Mitarbeiter mit eigenem Architekturbüro
1934–1937	Leiter der Bauabteilung bei der Müllabfuhr AG
1937–1945	Leiter des Hochbaubüros der Philipp Holzmann AG
1943	Lehrer an der Hochschule für Bildende Künste, Berlin
1952	Professor an der Hochschule für Bildende Künste, Berlin

Ausgewählte Bauwerke:
Hörsaalgebäude der Universität Tübingen, Tübingen; 1965–1968
Amtsgebäude des Bundesverfassungsgerichts, Karlsruhe; 1965–1970
Mensa der Universität Tübingen, Tübingen; 1964–1967
Ruhrkohle-Haus, Berlin-Charlottenburg; 1958–1959
Interbau-Wohnhaus „Eternithaus", Berlin-Tiergarten; 1957

Paul Baumgarten

Born in Tilsit, 9 May 1900
Died in Berlin, 8 October 1984

1919–1924	studies at the Technische Hochschule Danzig, and subsequently at the Technische Hochschule Berlin-Charlottenburg
1928–1931	works for the Architekturbüro Mebes & Emmerich, and then as a freelance architect with his own office
1934–1937	Director, Müllabfuhr AG building department
1937–1945	Director, Philipp Holzmann AG construction office
1943	teaching post, Hochschule für Bildende Künste, Berlin
1952	Professor, Hochschule für Bildende Künste, Berlin

Selected buildings:
Lecture hall, University of Tübingen, 1965–1968
Office of the Federal Constitutional Court, Karlsruhe, 1965–1970
Canteen, University of Tübingen, 1964–1967
Ruhrkohle House, Berlin-Charlottenburg, 1958–1959
Interbau residential house Eternithaus, Berlin-Tiergarten, 1957
Church at Lietzensee, Berlin-Charlottenburg, 1957–1959

Kirche am Lietzensee, Berlin-Charlottenburg; 1957–1959
Eternit-Gästehaus, Berlin-Wilmersdorf; 1955
Konzertsaal und Studiobühne der Hochschule der Künste, Berlin-Charlottenburg; 1953–1975
Müllverlade-Bahnhof, Berlin-Charlottenburg; 1934–1937
Fabrikanlage der Eternit AG, Berlin-Neukölln; 1930–1964
Umbau Schiller Theater, Berlin-Charlottenburg; 1937/38
Teil-Wiederaufbau und Umbau des Deutschen Reichstages, Berlin-Tiergarten; 1961–1972
Hotel am Zoo, Umbauten 1950 (Hotelhalle) und 1957–58 (Aufstockung), Berlin-Charlottenburg

Eternit Guest House, Berlin-Wilmersdorf, 1955
Concert Hall and studio theatre of the Hochschule der Künste, Berlin-Charlottenburg; 1953–1975
Waste disposal railway station, Berlin-Charlottenburg, 1934–1937
Eternit AG factory, Berlin-Neukölln, 1930–1964
Reconstruction of Schiller Theater, Berlin-Charlottenburg, 1937/38
Partial reconstruction and conversion of German Reichstag, Berlin-Tiergarten, 1961–1972
Hotel am Zoo, reconstruction work 1950 (hotel lobby) and 1957–58 (storey added), Berlin-Charlottenburg

Die Autoren

Thorsten Bürklin

Geboren 1964 in Karlsruhe
Studium der Architektur und Philosophie in Karlsruhe und Florenz

1994–2002	Lehrtätigkeit am Institut für Grundlagen der Gestaltung, Universität Karlsruhe
1995–1996	Forschung und Lehre an der Universität Padua / Italien
1997	Promotion in Philosophie
Seit 1999	als Architekt selbständig tätig
Seit 2003	Lehrauftrag an der Staatlichen Akademie der Bildenden Künste Karlsruhe
Seit 2003	Forschungsarbeit an der Fachhochschule Frankfurt am Main
Publikationen	zu Ästhetik und Architekturtheorie, Beiträge zu Architektur und Städtebau in Tageszeitungen, Ausstellungen zum Thema „Öffentlicher Raum – die Campi Venedigs“ als Event der Architektur-Biennale 2002 in Venedig und im Deutschen Architekturmuseum Frankfurt am Main (24. Mai–3. August 2003)

The authors

Thorsten Bürklin

Born in Karlsruhe in1964
Studies architecture and philosophy in Karlsruhe and Florence

1994–2002	teaching post, *Institut für Grundlagen der Gestaltung*, University of Karlsruhe
1995–1996	research and training at the University of Padua, Italy
1997	obtains doctorate in philosophy
From 1999 on	works as self-employed architect
From 2003 on	lectureship at the *Staatliche Akademie der Bildenden Künste* in Karlsruhe
From 2003 on	research activity at the *Fachhochschule* Frankfurt am Main
Publications	on aesthetics and architectural theory, contributions to architecture and urban development published in daily newspapers, exhibitions on the subject of “Public Space – the Campi of Venice” as an event at the 2002 Architecture Biennale in Venice and at the *Deutsches Architekturmuseum*, Frankfurt am Main (24 May–3 August 2003).

Prof. Dr. Jutta Limbach

Geboren 1934 in Berlin

1958	1. juristisches Staatsexamen
1962	2. juristisches Staatsexamen
1963–66	Akademische Rätin am Fachbereich Rechtswissenschaft der Freien Universität Berlin
1966	Promotion
1971	Habilitation
1972–99	Professorin am Fachbereich Rechtswissenschaft der Freien Universität Berlin
1989–94	Senatorin für Justiz des Landes Berlin
März 1994	Vizepräsidentin des Bundesverfassungsgerichts, Vorsitzende des Zweiten Senats
1994–2002	Präsidentin des Bundesverfassungsgerichts
Seit 2002	Präsidentin des Goethe-Instituts Inter Nationes

Prof. Dr. Jutta Limbach

Born in Berlin in 1934

1958	1st State Examination in Law
1962	2nd State Examination in Law
1963–66	Academic Councillor, Faculty of Law, Free University, Berlin
1966	obtains doctorate
1971	qualifies to assume a professorship
1972–99	Professor, Faculty of Law, Free University, Berlin
1989–94	Senator for Justice of the Land Berlin
March 1994	Vice President, Federal Constitutional Court; Chairperson of Second Senate
1994–2002	President, Federal Constitutional Court
Since 2002	President, Goethe Institute Inter Nationes

Prof. Dr. Hans-Jürgen Papier
Präsident des Bundesverfassungsgerichts

Geboren 1943 in Berlin

1967	1. juristisches Staatsexamen
1970	Promotion
1971	2. juristisches Staatsexamen
1973	Habilitation
1974–91	Professor an der Universität Bielefeld
seit 1992	Professor für Deutsches und Bayerisches Staats- und Verwaltungsrecht, sowie Öffentliches Sozialrecht an der Ludwig-Maximilians-Universität München
seit Februar 1998	Vizepräsident des Bundesverfassungsgerichts und Vorsitzender des dortigen Ersten Senats
seit April 2002	Präsident des Bundesverfassungsgerichts
Februar 2003	Verleihung der Ehrendoktorwürde durch die Aristoteles Universität Thessaloniki

Prof. Dr. Hans-Jürgen Papier
President, Federal Constitutional Court

Born in Berlin in 1943

1967	1st State Examination in Law
1970	obtains doctorate
1971	2nd State Examination in Law
1973	qualifies to assume a professorship
1974–91	Professor, University of Bielefeld
Since 1992	Professor of German and Bavarian Constitutional and Administrative Law, as well as Public Social Law, Ludwig Maximilians University, Munich
Since February 1998	Vice President, Federal Constitutional Court; Chairperson of Court's First Senate
Since April 2002	President, Federal Constitutional Court
February 2003	awarded honorary doctorate by the Aristotle University, Thessaloniki

Michael Wilkens

Geboren 1935 in Wilhelmshaven
Studium der Architektur in Karlsruhe und Berlin

1961–70	Mitarbeiter von Prof. Paul Baumgarten, u. a. Mitarbeit am Reichstag Berlin und am Bundesverfassungsgericht in Karlsruhe
1970–72	Planer bei der Flughafen-Frankfurt-Main AG, danach Wettbewerbe, informations- und architekturtheoretische Studien.
Seit 1974	Professor für Architekturtheorie an der Gesamthochschule Kassel
1978	Gründung der Arbeitsgruppe Stadt/Bau, die später unter ihrem Namen „Baufrösche Kassel" bekannt wird
Seit 1989	Kooperation mit der Universität Santa Clara/Kuba, seit 1999 Ehrenmitglied der dortigen Architekturfakultät

Publikationen, unter anderem:
Die Angst vor den Formen; in Bauwelt 22,1973
Mindeststandards im Wohnungsbau. In: das bauzentrum 4-5,1991
Architektur als Komposition, Birkhäuser Verlag Basel 2000
Formsinn statt Star(r)sinn! Veröffentlichungen des Fachbereichs 6 der Universität Kassel 2004

Michael Wilkens

Born in Wilhelmshaven in 1935
Studies architecture in Karlsruhe and Berlin

1961–70	works at Prof. Paul Baumgarten's office, projects include the *Reichstag*, Berlin, and the Federal Constitutional Court, Karlsruhe
1970–72	planning Frankfurt-Main Airport; competitions; studies on architectural and information theory
Since 1974	professor of architectural theory at the *Gesamthochschule*, Kassel
1978	founds the study group *Stadt/Bau*, later well known as *Baufrösche* Kassel
Since 1989	co-operation with the University of Santa Clara, Cuba; since 1999 honorary member of the faculty of architecture at the same university

Publications include:
"Die Angst vor den Formen"; in *Bauwelt* 22,1973
"Mindeststandards im Wohnungsbau." In: *das bauzentrum* 4–5,1991
Architektur als Komposition, Birkhäuser Publishers Basel 2000
Formsinn statt Star(r)sinn! Publications by Faculty 6 of the University of Kassel 2004

Bildnachweis / Picture Credits

Thorsten Bürklin 41
BVerfG / Andrea Fabry 18/19
BVerfG / Florian Profitlich 11, 12/13, 16, 23, 25, 30, 32, 36, 38 (oben / top), 44, 47, 56, 60, 65,
Landesarchiv Berlin 66
Liselotte und Armin Orgel-Köhne / bpk Berlin 6, 25 (oben / top), 28, 37, 38 (unten / bottom), 59
Stiftung Archiv der Akademie der Künste Berlin, Nachlass Paul Baumgarten 14, 15, 69
Stiftung Archiv der Akademie der Künste Berlin, Nachlass Paul Baumgarten © Wolf Lücking 74

Cover: BVerfG / Florian Profitlich

Project management: Christoph Sennekamp
English translation: Robin Benson, Berlin
Layout / Graphic design: Michael Lotrovsky, Basel

A CIP catalogue record for this book is available from the Library of Congress, Washington D.C., USA

Bibliographic information published by Die Deutsche Bibliothek.
Die Deutsche Bibliothek lists this publication in the Deutsche Nationalbibliografie; detailed bibliographic data is available in the Internet at http://dnb.ddb.de.

Printed on acid-free paper produced from chlorine-free pulp. TCF
Printed in Germany
ISBN 3-7643-6949-3

9 8 7 6 5 4 3 2 1

www.birkhauser.ch